你可以找自己聊聊

THE ECHO IN ME

踏上
自我探索之旅

萬力豪
Peter Wan
——著

獻給Peggy
從我們認識到現在，
妳目睹了許多不同時期的我。
但妳對我的愛始終不曾改變。

【推薦】
為什麼這不是一本為領導學寫的書，卻可以讓你成為更好的領袖？

◎連加恩　醫師／作家／傳道人

　　哈佛大學甘迺迪政府學院，有一本領導學指定用書，叫做《調適性領導的實踐與藝術》（*The Practice of Adaptive Leadership*），是由隆納・海菲茲（Ronald Heifetzn）等三位哈佛教授所著，書中提出一個貫穿全書的概念，叫做「陽台觀點」（balcony view），它強調一名領導者需要從舞池（dancing floor），也就是日常事件發生的行動和混亂中，抽身出來，從一個較高的視角觀察情況，如同從陽台俯瞰看清全局，來進行有效的分析和制定策略、做出明智的決定，以更有效地應對時局變化所帶來的挑戰。一位優秀的領袖，需要在陽台和舞池之間切換，才能更好地管理組織、理出系統性的複雜脈絡，為所帶領的組織擬定因應戰略。

　　記得有一次，我帶著孩子們來到 The Hope 的主日聚會當訪客，聽到台上的萬力豪牧師分享他剛剛結束一段西雅圖

深山的靜修之旅。當牧師說這趟不是為了禱告，因為在哪都可以禱告、找神，此行是為了更了解自己、跟自己聊聊。老實說，我豎起了耳朵，因為這跟一般期待的不同，身為老基督徒的我，以為會聽到牧師分享自己在山上拚命禱告、讀聖經與神獨處然後遇見神的奇異經歷，按照我熟悉的劇本來說，信徒們等著看台上的人閃閃發光，講一篇更厲害的道，如同閉關練功後，內力大增的武僧，可以開始稱霸武林、為民除害。

原來，萬牧師暫離舞池，去了陽台一趟。而他所俯瞰檢視的局，是他自己的人生、他的雄心或野心，和其所追求的意義。而這本書，正是他用陽台觀點理出來的脈絡之第一手紀錄。

要知道他在陽台看到了什麼，先來了解一下他的舞池。想像一下，如果你跟他一樣，在三十歲出頭，就建立數千人的教會，週末要聽他講道的人，時時需要跟幾百人一同排隊入場，網路上信息的影響力遍及全球，在世人眼中的成功標準通通達標。

那麼，你如何定義成功，如何定義美麗？

你的恐懼是什麼？如何看待改變？

人生所遵循的原則為何，原則有什麼作用？

「安全不是第一」，那麼人生的第一追求是什麼？

明天跟未來的差別是什麼？

為何打敗生命中的巨人伴隨著生命中最有意義的獎賞？

一次次的犧牲如何可以累積成意義？如何收集時間給的禮物？

以上這些，都是一位好的領袖需要面對的深度議題。但其解答需要高度的智慧。

聖經中把智慧描述為是有位格的，其實智慧就是神自己，有時，祂高調呼喊：「智慧豈不呼叫？聰明豈不發聲？」（箴言8章1節），「眾人哪，我呼叫你們，我向世人發聲。」（箴言8章4節）；有時，祂隱藏難尋：「然而，智慧有何處可尋？聰明之處在哪裡呢？」（約伯記28章12節）。我發現自己在閱讀此書的時候，挖掘到許多智慧、許多我喜歡的句子，因此不斷畫下重點。我深信，萬牧師在西雅圖的山裡跟自己對話時，其實不是獨自一人，他的身旁站了一位謙卑自隱、聖經中稱為智慧的那位——耶穌——萬牧師所事奉的神，是祂不斷把艱難人生議題的解答，用悄悄話的方式，傳輸在萬牧師耳中、筆尖上。

我誠心推薦這本書，給想要暫離囂嚷的舞池，從陽台的制高點一起俯瞰、檢視自己人生的朋友們。我相信，如同

萬牧師，你會透過此書所分享的原則更深地認識你自己，找到屬於你自己的人生攻略，在你的領域裡，成為更好的領導者。願你，也認識這一位叫做智慧的朋友。

目錄 CONTENTS

[前言] 四十歲的挑戰　011

Chapter 1
改變 Change

1　把改變當成朋友　022
2　美好不該停留在過去式　030
3　先問問得著什麼　038
4　找到你的驚嘆號　044

Chapter 2
原則 Principle

5　跟自己摔角　054
6　道理與原則　062
7　我是誰　068

Chapter 3
誠實 Honesty

8　誠實，比你想像的還困難　080
9　聽聽別人的聲音　086
10　看看自己的內心　094

Chapter 4
美好 Beauty

11　美麗是真理的光輝　104
12　我們在建造伊甸園或巴別塔？　110
13　美好的三部曲　118

Chapter 5
意義 Meaning

14　把恐懼轉換為興奮　128
15　安全不該擺在第一　136
16　打倒巨人的勇氣　142
17　犧牲 VS 投資　150
18　怪罪 VS 負責　158

Chapter 6
永恆 Eternity

19　踏進明天不等於擁有未來　168
20　人生很漫長，人生也很短暫　176
21　關於人生，提醒自己的幾句話　187

[結語] 獻給那些心在隱隱作痛，
　　　卻依然帶著微笑逐夢的你　210

※聖經引用版本：CCB──當代譯本修定版
　　　　　　　　RCUV──和合本修定版

前　言

［四十歲的挑戰］

我當時最大的恐懼是真正誠實地面對自己。
我害怕會發現其實我的人生走的路並非是對的。

時間是公平的

　　二〇二二年我出了一本書《管他的，就是要有盼望》，記錄了從童年、青春期到成立教會一路走來的成長故事。小時候充滿困惑，青春期厭世、憂鬱成疾，直到認識了神才走向人生的光明面。二十幾歲時，期待快點到三十歲，覺得男孩到三十歲才算是成熟的男人。三十幾歲時，眺望前方，不時會想著：成熟以後是不是很快就要變老了？然後，漸漸地發現自己不再聽流行音樂，就像爸爸喜歡聽七〇年代的老鷹合唱團，我也反覆聽著九〇年代的懷舊「老歌」……種種大小徵兆顯示果然來到初老的階段了。

　　「老」幾乎被所有人排斥，小孩想長大，但大人一個個想凍齡！可能因為沒去思考未來目標，或經過太多挫敗的摧折，讓人覺得時間是可怕的大敵人，彷彿持續不斷地失去，容顏、體力、健康日漸大不如前，我也曾經因此而產生負面想法。但換個角度想，那些全是無法改變的因素，為何要陷在裡面哀嘆？好像在玩一場注定失敗的遊戲。**我們不要再想著「失去」什麼，而是該改變思維，想想「換取」到了什麼。**沒錯，你會失去青春，但換取來經驗、智慧，並更看清楚人生、更了解自己。不需要為老去所失而焦慮憂傷，時間對所有人是最公平的，金錢可以經由管理而增多，但沒有魔法可以把一天變成二十五個小時！重要的是有沒有用來換取

重要的東西,如果整日渾渾噩噩、混吃等死,當然歲月就像手中沙,只會慢慢流逝到毫無所有。

聖經說:「白髮是榮耀的冠冕。」(箴言 16:31 CCB)我們無須怕老,而是該思考怎麼活著。以人類平均壽命八十歲來算,四十歲的我正式進入人生下半場。我的上半場成績單算不錯,享有很多世俗標準的成功,但一場比賽的勝負始終是以下半場決定,甚至是最後幾分鐘逆轉勝或莫名其妙輸得一塌糊塗。站在中場休息時間,回頭看有個二十歲的我,活力充沛、健康狀況良好、整體表現挺亮眼;往前看,遙遠處有個六十歲的我,還不知道他會是什麼樣子?而現在四十歲的我,如果留戀二十歲的我,那只能眼睜睜看著自己日復一日離他越來越遠,感慨時間不等人、一路走下坡;相反地,如果相信六十歲的我是更美好的樣子,就會更積極地做出決定和改變。

送自己一份生日禮物

為了預備未來,於是在四十歲前我決定了一項挑戰:全盤而真實地面對並釐清我的人生,當作送給自己的生日禮物!當時的我,外表看起來好像沒有太多的問題,畢竟事業、家庭都算是美滿。但是我總覺得欠自己一段完全獨處的時間,最好能住在一個安靜陌生的環境,把過去到現在的所

有得失、作為好好「閱讀」一遍。計畫開始醞釀，就在美國的一座深山裡，找到一間木屋。那裡幾乎完全與外界隔絕，但也許就是因為如此，或許能看得更清楚，更深入了解「我是誰」，所以我決定獨自一人去那裡幾天。

　　還在籌備的過程裡，我當時最大的恐懼是真正誠實地面對自己。我害怕會發現其實我的人生走的路並非是對的。二十歲時聽過一句諺語，大意是不要花一輩子拚命爬梯子，最後卻發現它架在一面你不想爬的牆上。**我自認一直很努力爬梯子，但這面牆是對的嗎？**失敗有兩大類，一種是沒達成重要的目標，產生的失望感。但是另一種其實更恐怖：就是達成了目標，然後驚覺不是你想要的或無法滿足，這就是「**失落感**」，爬上高山，卻發現這不是你想要的風景。失落感，也確實像一個永遠爬不出來的無底洞。

　　誰都不希望自己的人生會落入如此境地，所以我在四十歲時決定按下「暫停鍵」！不能低著頭猛衝，也不是踩煞車放空，不一定能找到什麼啟示，未必這趟回來後會有所改變，沒有什麼特殊預期的想像，完全不去想最終的答案，不是因為疲憊也不是不滿足⋯⋯總之就是想要擁有一段時間認真地反省，懂得反思的人生才是值得活的。

　　我也試著要去釐清一件事：就是**我的人生跟我所追求的真理，到底離多遠？**如果人生像一場遊戲，規則不是每個人自己去定，而是神透過祂的兒子基督耶穌活出的生命告訴我

們什麼是美好的、永恆的！要活出基督的樣子，就要根據對神的了解，反思自己的夢想是否吻合神的旨意。

毫無保留寫下來

我出發的當天，去到機場。在等候登機前心情極為複雜，一方面懷著興奮要去探索挑戰，一方面被種種恐懼與好奇包圍……我嘗試讓自己冷靜點，就打開了特別準備的筆記本。那是一本沒有任何設計、圖案，從封面到內頁全部空白的本子，象徵了我對這趟旅程仍一無所知。翻開第一頁，想想至少要先有些初步方向，就拿起筆隨意寫下幾個標題：曾有過的失敗、人生的懊悔、未來的夢想與期望、我扮演的角色、感恩的事、長久以來殘存的陰暗面……每一個標題下都是一面空白的紙。接下來的一個禮拜，我每天在下面填寫內容。在寫的當下，都被挖掘出很深沉的感受，有時還會因此留下眼淚。每滴眼淚的背後都由情感與故事融合而成，就像運動員舉起冠軍獎盃時往往會淚流滿面，除了喜悅與感恩，必定也同時想起付出的代價與犧牲。闔上筆記本，我望著它彷彿望向一口深不見底的井，等我到無人認識的所在，一層層下探、一層層尋覓。

燒掉的筆記

　　到了當地,我租了一台車,開了五小時的車程進到山區的小鎮,購買好食物和日用所需後,我駛入森林更深處。當我看到手機訊號逐漸變弱,最後完全失去訊號時,我知道我已孤身一人。然而,這正是神可以開始對我說話的地方。

　　第二天早上五點起床,開始靈修禱告,七點開始爬山,可能走一天只會碰到一個人。山區非常寬闊好走,但大到有幾次差點迷路。沒有任何路標,只好每個岔路擺堆石頭拍張照做記號。然後邊走邊想,記在筆記本上,其中還有幾頁燒掉了,那是曾經做錯的事——人生會犯錯不是忽然造成,而是第一步走岔了,然後越走越離譜,慢慢跌入失敗的谷底。回想那個起點,到底為何沒意識到錯誤的起步?為何第二步、第三步一直任由自己錯下去?寫完用火燒掉的意思是經過徹底的反省檢討,希望從此不再重蹈覆轍。

更認識自己

　　古羅馬「哲學家皇帝」馬可・奧里略寫了一本《沉思錄》,他原本沒有要公開給他人閱讀,只是寫給自己的反省筆記並論述哲學觀點,經過後人流傳,成為西方世界的經典。整本書未必全是真理,但裡面有句話特別讓我印象深

刻:「記得你會死」,意思是這一切都會過去,你的生命必定會走到盡頭。背後的意義是,要怎麼經營人生,到嚥下最後一口氣的時候才不會遺憾?

據傳古代皇帝出征凱旋歸國,接受眾人夾道迎接時,會有一個人在他耳邊反覆說:「記得你是一個人。記得你有一天會死去。」用意是提醒皇帝要謹記自己只是凡人,不要被歡呼鼓掌沖昏頭而得意忘形。這句話也時時刻刻警醒著我,身為 The Hope 教會的主任牧師,到底神為了什麼賜予我這麼美好的一切?要怎麼樣讓下半場的成績單更漂亮,才能不負使命?

一個禮拜後,完成了山中之旅,回到台灣,仍固定每週還是找出一些時間,拿起一本筆記本,持續地回答同樣的問題:什麼是我曾有過的失敗、人生的懊悔、未來的夢想與期望、扮演的角色、感恩的事、長久以來殘存的陰暗面。就這樣,邊思索邊記錄,那本從裡到外全部純白的筆記本,慢慢地被我寫滿了。這本書,就是這些內容的總結。

我不知道會有多少人閱讀這本書,但這本書已經達成了它的目的。在這個過程裡,它幫助我更深地認識自己。而且,也許,只是也許,它也能幫助你更多地認識你自己。

> **踏上自我探索之旅**

找自己聊聊的練習題

▌ 我們不要想著「失去」什麼,而是改變思維,想想「換取」到了什麼?

▌ 回想(或往前看)自己的20歲、30歲、40歲、50歲,哪個起點意識到自己踏出錯誤的第一步?

▌想一想神賜予我的美好是什麼?

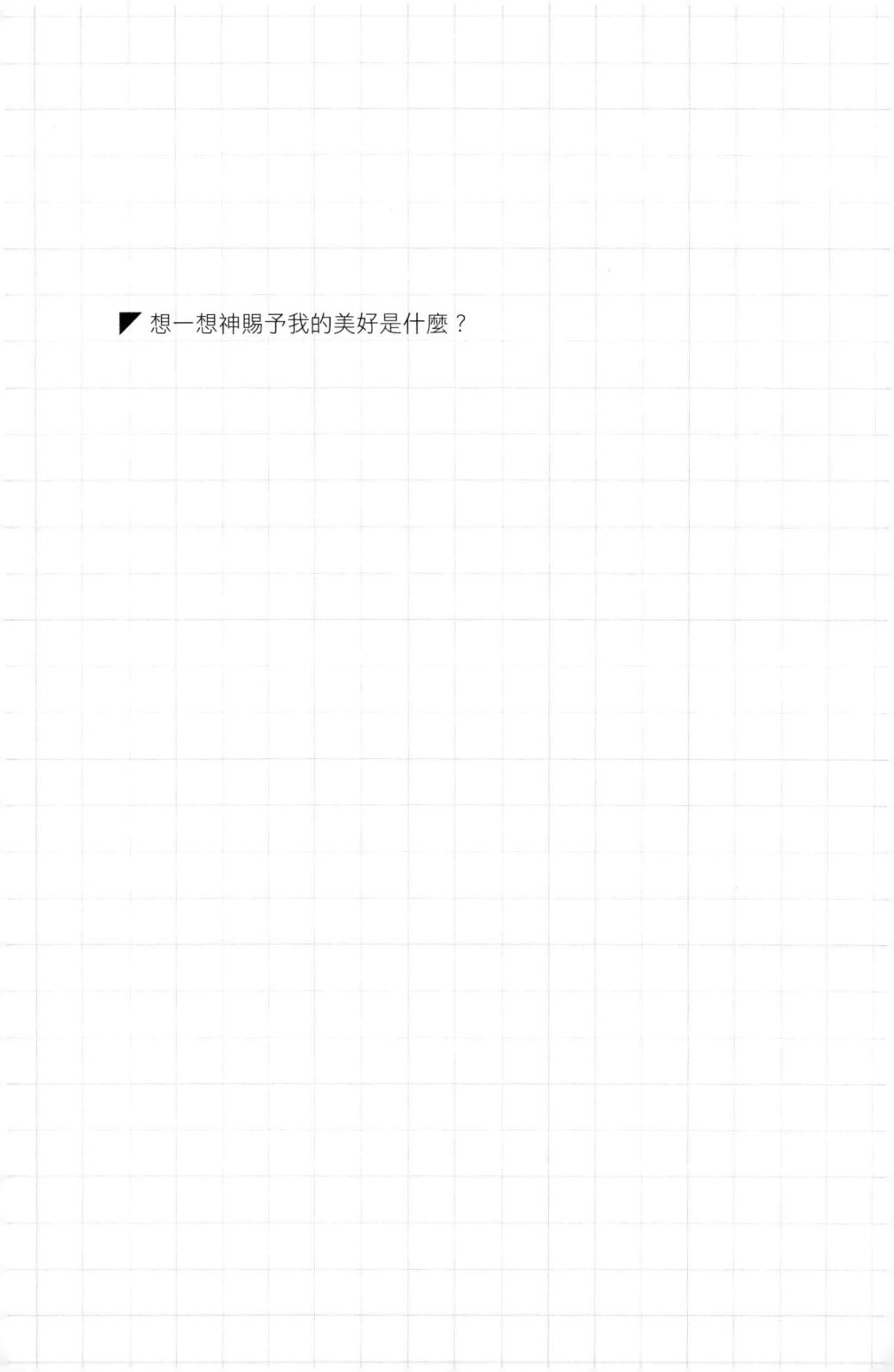

Chapter 1

[改變 Change]

改變是人生的一部分,
不要把改變當成敵人。

1

把改變
當成朋友

如果對人生充滿盼望,一定會相信:
改變是好朋友,
它帶領著我們換個更好的方向,
往更好的地方走。

夥伴離職

I used to rule the world.
Seas would rise when I gave the word...
And I discovered that my castles stand
Upon pillars of salt and pillars of sand...

這是英國「酷玩樂團」〈Viva La Vida〉的歌詞，背景普遍被解釋為路易十六的獨白，大意是他曾經統治世界，但轉瞬間發現城堡蓋在沙丘上……如此叱吒風雲的帝王都如此，更別說我們一般人，今天呼風喚雨，明天可能無人聞問。從幼年到成熟、從中年走向老年，**人生唯一不變的就是一直在改變**。改變多半是好壞同時存在，表面看起來糟透的，可能最後發現是好事；而明明再好不過的，也可能帶來悲傷的感受，很難說改變完全是正面或負面。

二〇二三年初，有一位當初創立教會的元老級員工離職，原本各人有自己的規劃想轉換人生軌道，應該很容易理解，但他的離開實在讓我非常難受，甚至開始懷疑自己。

以前聽幾位牧者分享過類似的經歷，當時總覺得那是別人，我應該不至於碰到、或許我是例外，事實證明我大錯特錯。改變怎麼可能不會找上我？它們不停地來叩我的門，如同二、三十歲時覺得年華老去、兩鬢斑白離自己很遙遠，結

果沒多久我就體驗到初老的滋味。

記憶猶新，那天下午他約我討論一些公事，當我以為講完了，一如以往地想喝口咖啡時，他提起打算離職的決定。當下好像有幾秒腦中一片空白，剎那間忘記了剛才所有的對話。我並非驚訝他想離職，因為他的個性比較自由，很適合百廢待舉的草創期，後來教會組織變大，要管理要帶人，可能不是他喜歡的工作。湧上來的是一股說不出的感覺，好像某種程度上我早就知道了，心裡很明白遲早他會跟我說這些話，只是不希望這一天太快發生。不可能有不散的筵席，當這一天真的來臨時，我一下子無法放下心中的糾結。

很難想像討論事情時聽不到他的意見，抬頭時看不到他坐在那個位子上，他理所當然要在團隊裡不是嗎？習慣聽到他的想法、建議，他的一大堆好點子讓教會順利成長，如果他不在這裡跟大家一起建造，這個團隊還是不是我想要的？他的決定真的不是因為我的領導出問題嗎？教會的發展蒸蒸日上，我們之間也沒有意見不合，曾經以為會永遠走在同一條路直到退休，這種革命情感如此難得，到底為什麼他突然選擇離去？

時時刻刻都在改變

教會裡發生的大小事我通常立刻會跟 Peggy 討論，但

這次我隔了好幾天說不出口,因為在內心深處有一種很慚愧的感受:原來我是個魯蛇!我一定有什麼事情沒處理好,否則這麼棒的教會怎麼會留不住他?或者對他而言,他的體驗並非如此,可能他並不覺得我們教會有多美好?欠缺了什麼?做錯了什麼?沮喪挫敗滿滿,身為領導者的價值似乎被否定了⋯⋯

把這些感覺跟 Peggy 說出來就落實了,但**承認自己失敗是很羞恥的,我需要時間來消化**,所以到第三天才講。相對於我的問號滿天,Peggy 聽完了並沒問太多,只讓我感覺到,她會一直站在我身旁。但是,我仍陷在一種被拋棄的感覺裡。

事實上這位員工做這個決定,可能跟我沒有太大的關係,就只是他的人生進入一個新階段而已,邁向另一段旅程。這讓我想起一條河,表面上是一灘始終沒變化的水,但五秒鐘以後它已經不是原本的那條河那道溪流了。因為水始終在流動,而且流經不同的路段會有時急速有時緩慢,不論如何都一直在轉變。

人生也是如此,每個人表面上日復一日做著相同的事,但其實各方面都在變化。每個人的速度和時間點絕對不同,可能他正要進入另一個急轉彎,我還在原地踏步;也或許我在狂奔時,別人錯以為被我拋在後面,但我只是跑向另一個目標,不是別人的問題,也不可能始終配合別人的腳步,所

以沒有誰拋棄誰。

把改變當朋友

改變是事實，而且是一個殘酷的事實。但是它一點都不冷血，因為它不是要來消滅你，反而是要來造就你。後來我慢慢想清楚了，不是突然被誰點醒，而是把思緒、情感從頭理一遍。當年他從別的國家搬來台灣，而且為了跟大家一起努力打拚建立教會，他付出那麼大的代價，投入那麼多的心血，那種全人全心的奉獻正代表了教會背後的故事與精神。他願意為神委身、放下一切，去做有意義的事，不求任何回報，就算離職了，這種不可缺少的寶貴價值仍會永遠保留在 The Hope。

我無法改變他的決定，也不必勉強說服，如果試圖扭轉結果，硬把他拉回來，可能造成反效果，對團隊並非好事。而且據我的了解，他必定經過深思熟慮才提出，不太可能又回心轉意。

失落難免，但不必自責，困惑感傷也沒有用，既然不能改變他的決定，那麼**我能改變什麼？我要怎麼接受這種改變**？把它當成敵人去對抗，努力抹滅它，希望它從來沒出現、未來也不會再發生？或者，我該把它當成朋友，穩住腳步好好想想，他的離職並不會只帶來壞的可能性，而是可以

讓大家藉此契機成長？我選擇後者，把改變當成朋友，果然有好事發生，接任的那位領袖完全有能力承擔，教會沒有因此垮半邊或工作無法銜接等等混亂狀況。

改變是不可逆的、必然的、人生的一部分，不必排斥也不要抱怨，打起精神正面迎接。改變代表我們對未來的觀點，如果對人生的看法很悲觀消極，哀怨地以為最好的都過去了，那麼每次改變都可能製造危險慌亂，以為大敵人來害我們走下坡了！反過來說，**如果對人生充滿盼望，一定會相信：改變是好朋友，它帶領我們換個更好的方向，往更好的地方走。**

踏上自我探索之旅

找自己聊聊的練習題

▼ 想一想,有哪一些「改變」讓你無所適從?甚至失去鬥志,產生對人生的懷疑?

▼ 你最近曾做過哪些「改變」嗎?為什麼想做這些「改變」?

▰ 列舉一下「改變」為你帶來的情緒反應。

2

美好不該
停留在過去式

不要感嘆「可能的」有無限,
而「實際的」只有唯一。
因為「實際的」唯一,
比「可能的」無限更好。

你是彼得潘嗎？

Once you are grown up,
you can't come back.

　　這是《小飛俠彼得潘》故事中的一句話：「一旦你長大了，就無法回來了。」彼得潘不願長大，他不願離開夢不落帝國 Neverland，他想要天天和一群迷失的小男孩玩耍，過著無憂無慮的生活。長大意味著放棄童年的快樂天堂，他始終無法割捨，最後只能跟小精靈在一起，小精靈不是人類，不能跟彼得潘有未來，只能當玩伴。小男孩都會覺得玩伴是最重要的，而讓彼得潘成為一個真正成熟的男人需要被持續長大的溫蒂喚醒；生命中還有更美好的經歷在等他，可惜彼得潘沒機會嘗試，永遠無法跟溫蒂相愛，永遠不能進入人生另一個階段。

　　心理學有個詞彙是「彼得潘症候群」，指的是已經是成年人了，但思考、言行仍像孩童般幼稚的人。不想長大代表不願意有所改變，長大不是加一歲、兩歲、五歲，而是你放下一年前、兩年前、五年前曾經擁有的東西。長大的重點不是變老，而是不再依賴「假想的安全感」，就像很多小孩出門要帶著變形金剛、凱蒂貓各種娃娃，爸媽不允許就又哭又鬧，長大可以說就是出門不必任何人、任何東西陪伴還是很

OK。這是每個人必經的過程,在聖經中使徒保羅說:「我作孩子的時候,說話像孩子,心思像孩子,意念像孩子;既長大成人,就把孩子的事丟棄了。」(哥林多前書 13:11 RCUV)

另一種面貌

難免我們會在這種不得不長大,卻又想要永遠眷戀著某些人事物中拉扯,因為把這些人事物當成「好」的定義,把自己擁有的一切,包括工作、外貌、人際關係等等與「好」畫上等號,**失去了那些就誤以為「好」離開了、人生變成「壞」的了**。其實那些人事物離開了,真正進入成人世界,不代表「好」就沒有了,「好」可能會以另外的面貌呈現出來。

在聖經中大衛說:「我一生一世必有恩惠慈愛隨著我。」(詩篇 23:6 RCUV)恩惠慈愛不是具體有形不變的東西,八歲時可能是媽媽每天準備的便當,三十歲時可能是有人在你工作疲憊時遞上一杯熱茶⋯⋯我們始終擁有美好的福分,只是會隨著時間與環境轉換,不必懼怕悲傷。

對過往太理想化,不願接受新的事物,自然無法長大。彼得潘不願意放下擁有的一切,寧可停止成長,永遠留在小世界裡,未來的美好只能是想像的。童年時期總是充滿各種

可能性，而長大成熟就是把「可能的」換為「實際的」。**不要感嘆「可能的」有無限，而「實際的」只有唯一。因為「實際的」唯一，比「可能的」無限更好**。就像幻想十個完美的情人、十場燦爛的美夢，都不如一個實際的好伴侶、一場踏踏實實構築的夢想。

「放下」不等於失去

剛回台灣時我在某個教會的國外牧區服事，有次和另一位服事夥伴幫忙裝修，兩人手忙腳亂地掛招牌，結果不小心刮傷了手，我們開玩笑說「教會」真的是我們的血汗拚出來的！後來成立了 The Hope 後，很久之後又回去那個教會，當年的那塊招牌還高高掛著，搞不好牆壁上還隱隱留下了血跡，但沒有幾個人認識我。這時候，流過血汗的人埋怨年輕人不懂得感恩前輩不是很可笑嗎？就像河水每分每秒在流動，歷史就是過去了，原本熟識的人會離開、整個環境會改變是事實。《沉思錄》裡也提到過去做再多事、再了不起的偉人，同樣很快地被眾人遺忘。

生命中的一些事物之所以珍貴，是因為它們永恆長存；但也有一些事物之所以美好，正是因為它們轉瞬即逝。所以死亡不是壞事，**因為會結束的事物，我們才更會懂得珍惜**。

女兒從小就是由我負責哄她睡覺，每晚讀故事書給她

聽，等到睡著了，再把她抱到小床上。看著她閉著眼睛可愛的樣子，我覺得好幸福！現在她已經十歲了，懷裡的小女孩越來越沉重，快抱不動了，但仍維持這個「睡前儀式」，有時候工作一整天很疲累，覺得好辛苦，但我會告訴自己：也許只剩下一百次可以抱女兒了，也許女兒明天就會說：「爸爸，我可以自己看書睡覺了。」歲月在倒數，甜蜜的負荷是有限的，我很珍惜還能抱著她的每一次。**改變一定會來臨，不必留戀，let it go**，因為會有別的美好出現。

「放不下」最主要是糾結於「不願意失去」，但「放下」不等於放棄，「手裡空空的」不代表就什麼都沒了。捨掉必須離去的，才能得到下一個，雙手永遠緊緊握拳，沒有辦法擁抱新的東西，而且抓得越緊往往流失得更快速，親子關係就是很明顯的例子。每年聖誕節，我們全家會一起裝飾聖誕樹，由女兒擺上頂端的那顆金色星星，將來總有一天她有自己的安排，可能和老公、孩子去日本度假，沒空來放那顆星星……我的寶貝有一天會成為別人的伴侶，離開我的家。她永遠是我的女兒，但終究要放下她天天依偎著父親的樣子，因為她要成立自己的家庭，成為她的孩子的母親。如果我沉溺在失去她身影的悲傷裡，甚至埋怨她不陪伴我，原本良好的親子關係就會弄僵，女兒只會逃得遠遠的。所以抓得太緊不但留不住，反而可能適得其反，把珍惜的東西扼殺掉。

下一步會更美好

當改變逼上門和我面對面時,該怎麼接受怎麼自處?這是四十歲以後我常思索的問題。是要大吼,叫它站住,視為敵人,想辦法打倒它?或者先跟它握個手,試著交個朋友?第一眼面對時很容易產生負面的情緒,事實上,阻止它、叫它走開是注定失敗的。最近一位主管因為有部屬要離職了,跟我訴苦說他很傷心。我跟他說傷心是對的,如果你不傷心就表示你只是把人當工具在用,換一個就OK了?!我們不能因為害怕會傷心,就把自己訓練得冷酷無情,而是與此同時要充滿盼望;**當「改變」這個敵人變成朋友,不是代表你麻木了,而是在憂傷時接納改變,並對未來充滿期待,往前看,下一步可能會更美好。**

據說貝克漢有嚴重的強迫症,他冰箱裡的飲料一定要維持雙數,如果打開冰箱有三罐可樂,就立刻丟掉一罐。我也有他的傾向,只是可惜沒有他的長相。我也常常很執著自己預設的圖片,簡單說就是事先在腦中拍一張照片,希望所有事情的發展都跟想像的照片一樣,萬一發生改變,原本的這張圖片不得不跟著變化時,就會覺得很受不了。比如說我打算睡前要吃泡麵當消夜(一張熱騰騰的泡麵照片存檔完畢),忽然朋友來揪我吃晚餐,明明吃到很撐了,回家後我還是會去煮泡麵,根本吃不下也要硬塞兩口!為何不能改變

一下,刪掉那張泡麵,換一張躺床上睡覺的圖片呢?

目前我還沒完全改掉這個毛病,這是我的困擾,有時滿掙扎,就像前面提到那位有革命情感的朋友要離職了,我腦中的圖片一直有他在裡面,怎麼忽然照片裡的他不見了?可以用修圖軟體把他畫上去嗎?於是我告訴自己,放下過去舊的圖片才會看到新的圖片,否則一直留戀無法存在的幻象是多麼可悲。

環境、想法、生活一直在改變,很多人會有那種被青春、被世代、被朋友拋棄的感覺,面對這種悲傷的時刻,想起一張張預設的舊圖片,當然會非常難捨,甚至痛哭流涕!沒有關係,把眼淚擦乾,感傷於舊圖片的同時,把愛放在今天換上的新圖片,**讓美好的過去式成為進行式和未來式。**可以落淚,但不代表嘴角不能揚起一抹微笑。

踏上自我探索之旅

找自己聊聊的練習題

▼ 想一想你的童年,有哪些想法是從童年到現在都沒有改變的?

▼ 什麼是「長大」?寫下你對「長大」的定義。

▼ 你有不得不「改變」的地方嗎?

3

先問問
得著什麼

當你清楚自己真心想得著的,
自然不會困在目前必須失去的,
也就能有勇氣迎接改變了。
因為你想要的「未來」,
總是需要用你不願放下的「過去」來交換。

為什麼不願意改變？

　　如果你住在一間陰暗破舊的危樓，有專家要幫忙裝潢成為時尚舒適的美宅，並畫出具體的設計圖，讓你親眼目睹before 和 after 的差異，相信沒有人會拒絕……問題是天下沒有白吃的午餐，考慮到要花上一筆可觀的金錢，多次盤算之下，你可能立刻把腦中所有美麗的圖像抹掉，繼續忍受不安全、不美觀的生活環境，等房子垮了再說。

　　不願改變的因素很多，多半由於害怕失去，但必須捨棄原本的，才能獲得未來想要的，正如舊房子必須打掉重建，否則無法改造成合宜的新屋。失去原本擁有的當然難以承受，那種立即的、真實的、當下感受到的痛，讓我們明明知道是必經的過程，卻寧可一拖再拖。很像投資股票的心態，儘管已經被套牢，遠遠超過停損點了，還是不肯認賠殺出，想著出場會損失很多錢，再觀望一下或許會有轉圜的餘地，最後越等賠越慘。

　　更簡單地形容這種錯誤就很像是看電影，看了前面二十分鐘應該就可以確定不喜歡這部片，但人性很奇妙，大部分人（包括我在內）會想著椅子都還沒坐熱就離開，白白花三百多塊太浪費了！然而，不是堅持到最後一秒可以把票拿去退錢，而是你怒吃一桶爆米花，想著偏要看它能多爛，結果不僅浪費錢還浪費時間。當然每個人喜惡不同，搞不好別的

觀眾很喜歡，重點是不合你的胃口，二十分鐘就可以判斷，硬吞下去也不會有所獲得，卻執拗地撐到兩小時後，惹得一肚子火再承認自己的愚蠢。有時候，我們的決定表面上好像很理智，但其實是欺騙自己，得不償失。

當時害怕什麼

面對改變，我也曾經充滿了怕失去的心情。婚後和老婆 Peggy 打算過幾年再生小孩，因為擔心有了孩子會很不自由，不能享受甜蜜的兩人世界，而且新手爸媽一定會忙得雞飛狗跳，哪有時間衝事業！反正還年輕，再說周圍很多朋友的「做人」經驗都非常快速順利；結果事情和我們想的不一樣，小孩未必按著父母的計畫來，三年後我們開始積極生孩子，卻始終沒有成果，又過了三年 Peggy 才終於懷孕成功。現在我們有兩個可愛的寶貝了，有一天我問起 Peggy 會不會覺得當初想太多，應該早點把孩子帶來世界上？果然她也深有同感。

當時到底在顧慮什麼？無非是怕教養孩子占太多時間，沒法做自己想做的事，甚至耽誤到想在教會做的事。但事實是我們得著的喜悅、快樂、滿足，遠遠超出失去的，當爸媽的辛苦根本不算什麼。回頭看當初的設想全是杞人憂天，只是因為害怕改變生活模式而找藉口。如果那時更有智慧，

就不會遲疑不決,畢竟和心愛的人結婚生子、共組一個家庭,是我從高中以來夢想的畫面,真希望能告訴二十五歲的Peter:「你不必害怕,先問問你真心嚮往的,不要只想到失去與付出。」

先問自己,改變後會得到什麼?

當改變來敲門時,首先跳進腦海的第一個問題如同房角石,奠定了構築這棟房屋的基礎。因此,**第一個不該先膽怯地問:「將會失去什麼?」**這不是一個錯誤的問題,只是這不應該是你首先要問的問題。如果這是你首先問的問題,你只會感受到失去的痛,讓你想馬上舉白旗投降。其實,**更該優先問的是:「改變以後會得到什麼?」**你真的熱切地期待這樣東西嗎?想想改變以後的圖像,是否讓動力足夠堅定?當你清楚自己真心想得著的,自然不會困在目前必須失去的,也就能有勇氣迎接改變了。因為你想要的「未來」,總是需要用你不願放下的「過去」來交換。這是需要盼望的,然後你必須這樣相信:The best is yet to come. 最美好的,還在後頭。

踏上自我探索之旅

找自己聊聊的練習題

▌ 改變前,你害怕什麼?

▌ 改變後,你得到什麼?

▰ 寫下你面對改變，所需要的裝備。

4

找到你的
驚嘆號

當「驚嘆號」越來越清晰明亮，
就不會被「問號」帶著走。
緊緊握住「驚嘆號」，
就不會因為「問號」而驚恐懼怕、憂傷遲疑，
它們反而讓你的人生更有趣，
更向前推進。

讓人無法往前走的思維

　　我是個很念舊的人，喜歡老朋友、老家具、有歲月痕跡的東西，旅遊也偏愛探訪歐洲城市，滿滿的美感是文化的積累，那是注重經濟發展的美國所欠缺的。照說這樣的我應該很保守，希望什麼都維持現狀，但另一方面極端矛盾的特質要求我自己時時努力往前，無法容忍任何事擺爛停滯。

　　事實上，所有人事物也無法永遠靜止在原地踏步的狀況。最明顯的，感情夠深的夫妻之間會越來越相知，成為相守的老伴，但不可能數十年仍然如新婚般充滿濃烈激情；有了裂痕，不試圖修補，也必定漸行漸遠，越來越不在乎彼此，關係越來越糟糕。所有事物本來就會不斷往前更新變化，而因為對故舊的戀戀情深，以致在改變的當下我深深懷念「曾經」。「曾經」是心路歷程，是眼淚、痛苦、喜悅、情感的總和，要收藏在心裡，不能掛在眼前，綁住往前走的步伐。

　　有句話說：「最淺薄的友誼是只能聊往昔。」跟幾十年不見的小學同學重聚時，開頭一定聊得很熱烈，因為有共同的回憶與感動，但可能沒多久就無言以對，因為只能敘舊，沒有日後的相處，無法累積新的故事，友情的厚度當然不足。

　　曾經或許很美、很值得懷念，不能無情地忘卻、沖進馬

桶,但又不能在過去流連忘返,因為常常會造成一種拉扯,讓人很掙扎。在聖經中使徒保羅說:「忘記背後,努力面前的。」(腓立比書 3:13 CCB)意思是要忘記過去對於你的限制,雖然過去仍保留在現今中,但它並非實際存在。舉個案例,有個女孩在七歲時,父母離婚了,爸爸的離去留給她巨大的陰影,她不懂為何被爸爸拋棄,強烈的不安全感讓她甚至一直不敢和男生交往,從幼年、青春期、成年到老,這段陰影始終如影隨形,被拋棄的傷痛一直在她心中根深蒂固,綑綁住她一輩子。所以使徒保羅的意思是,**那些痛雖然還在,但是你不必要被它所限制,也不需要陷溺其中,被過往的記憶束縛。**女孩如果覺得自己注定會被拋棄,無法忘記背後,怎麼能擁有愛?要改變這種想法,擺脫舊日陰影的控制,才能努力向前。

走出你的「安全地帶」

被媽媽從糖果店拉出的小孩,儘管又哭又鬧,躺在地上大吼大叫,最後還是會被帶走。不願忘記背後,改變來臨時,你就像那個小孩,想跟它摔角,盡全力與它作對。偏偏改變是霸氣的,不管你的想法是什麼,也不管你多麼不情願,它如同明天一樣必定會來到,把它當作仇敵,你勢必痛苦。相反的,你坦然接受,不做徒勞的掙扎,並預先做好準

備，改變也是溫柔的朋友，會給你很棒的獎賞。改變有時候可能今天讓你如臨大敵，明天發現是不可或缺的好夥伴；而維持現狀，今天感覺安全順心、習慣成自然，明天卻驚覺宛如噩夢一場。

你有沒有注意到你周遭可能有些女性朋友，他們的男朋友非常惡劣、語言暴力、情緒勒索等等，奇怪的是她們雖然沒有結婚生子，仍然怎麼樣都離不開這些人，持續在受虐、被霸凌的關係裡百般忍耐。這類關係會維持的原因是她們多年來已經習慣了這樣的相處，如果失去這個關係，她們的恐懼會更大，更甚於天天被折磨。簡直像染上了毒癮，把毒品當成氧氣，寧願把人生毀了也不願戒掉。

工作也是如此，很多人可能做得不愉快，埋怨老闆、討厭同事，看在每個月的薪水分上繼續敷衍湊合著，但幾年後終於發現不嘗試換跑道是錯誤的。**「不願改變的想法」**曾經**比較安全，最後才領悟到是限制**。好比以色列人出埃及後，又後悔想回去，寧可在熟悉的法老高壓統治下苦不堪言，也不敢想像跟陌生的摩西尋到美好寬闊、流奶與蜜之地。

建造夢想驚嘆號

在聖經中耶穌教導：「不要為明天憂慮……」（馬太福音 6:34 CCB）**其實抗拒改變的原因，追根究柢是恐懼未**

知。我們不是怕黑,而是害怕黑暗裡面不知道躲藏了什麼東西,許許多多自己編織的幻想情節才是恐懼點。這使我聯想到坐雲霄飛車的經驗,坐在上面我會興奮地高舉雙手大叫,有些樂園的車子會衝進山洞裡,每次一要衝進黑漆漆的山洞前,我總是火速把手放下來,怕被裡面的鉤子或尖石磨破。後來覺得自己很蠢,設計雲霄飛車的人難道不會考慮到這點嗎?改變如同暗黑的山洞,裡面充滿未知讓你退卻:丟了工作,什麼時候能找到下一份?和情人分手,何時才能進入下一場戀情?人生不可能時時刻刻無縫接軌,以上問號全部無解,只能焦慮等待。

看起來很不幸,畢竟人生似乎有漫天問號,有的巨大,有的渺小,有時候零星閃現,有時候像流星雨一連串撲面而來!或許你假裝遺忘,無視它們,可是不可能把它們全部消滅掉,隨時會有更多更難解的「問號」不斷冒出來。而幸運的是,人生還有「驚嘆號」——你堅信的目標和使命——不要被懷疑與困惑嚇壞了。

當你有了這些「驚嘆號」,就不必急著消除剩下的「問號」。要思考你的「驚嘆號」是什麼,讓「驚嘆號」更凸顯,當「驚嘆號」越來越清晰明亮,就不會被「問號」帶著走。緊緊握住「驚嘆號」,就不會因為「問號」而驚恐懼怕、憂傷遲疑,它們反而讓你的人生更有趣,更向前推進。不知道怎麼解決「問號」沒關係,**只要心裡明明白白地知曉**

要抓住那個「驚嘆號」,把夢想建築在它上面,它是你生命的磐石!

> 踏上自我
> 探索之旅

找自己聊聊的練習題

▼ 你有急於想擺脫的舊日陰影嗎？

▼ 現在最恐懼什麼？為什麼？

▌ 不論是工作或生活上，解決了一個問號，又有另一個問號出現。有沒有出現的問號是你現在想逃避的？

Chapter 2

[原則 Principle]

成就、外表、角色不足以描寫一個人；
只有核心價值，也就是個人原則，
才能定義「我是誰」。

5

跟自己
摔角

跟自己摔角的過程中,
你會去發掘「我是誰」,
以及未來想成為什麼樣子的人。

要求勝？還是求輸？

如果用摔角比喻人生，那麼每個人的一生都在跟三個角色摔角：一、撒旦；二、神；三、自己。

年輕氣盛的時候，難免會遇到試探與誘惑，魔鬼總在拐騙我們去做不對的事情，不論是性、金錢、各類犯罪，只為了許多錯誤的欲望。所以你總是在跟撒旦摔角。但是隨著年紀漸漸增長，你會發現有比較多的時間是跟神摔角。並不是老了就不會被誘惑，而是野心通常隨著時間消逝而降低；相反的，失落、悲傷可能越來越多，譬如對事業、婚姻、財務有美好的期許，但人生不可能按照腦中想像的藍圖發展，往往到最後才驚覺不是那麼一回事⋯⋯當你發現世界比想像的複雜，命運不是你可以掌控的，這時會忍不住埋怨神，問神為何這樣對待你！

跟撒旦摔角，當然要努力求勝，如果一次次被撒旦擊倒，最後甚至心甘情願把靈魂都出賣給他，一條路走到盡頭的後果將不堪設想。而跟神摔角，應該期待輸，你不管禱告什麼、祈求什麼，最後仍要降服在祂面前，**相信神在我們生命中掌權，把自己全心奉獻給神，活出神的心意。**

看清楚自己是誰

但是到最後,你會發現你一直以來要摔角的對象不是撒旦或是神,其實是自己。因為你無法改變全世界,你只能改變自己。**每天都在跟自己摔角,今天的我要思考怎麼持續勝過過去的我,才能變成未來的我。**跟自己摔角的過程中,你會去發掘「我是誰」,以及未來想成為什麼樣子的人。每個人都很複雜,沒有人是完全的善或完全的惡,再偉大的人也有其黑暗面,再邪惡的人也有其真誠的情懷。像影劇、小說中的反派可以塑造得很立體,是因為他背後有故事,變成這樣邪惡一定有他的原因,而非只是一面倒的壞。最為人知的例子《蝙蝠俠》裡的 Joker,他到處濫殺無辜搞破壞,但其實也有可憐的一面,使他變成這麼可怕的壞蛋,過去那個善良的他並未消失,他或許也不想變成這樣,只是在和自己的摔角過程中一直輸。

聖經中使徒保羅提醒我們要警醒、抵擋魔鬼的詭計。所謂「知己知彼,百戰百勝」,要在摔角比賽中奪勝,一定要弄懂敵方的路數:他的擅長和弱點、腳步移動、出招習慣……同理,跟自己摔角,也要看清楚自己是誰。所以**你要打贏自己,第一步就是了解自己,把自己摸透了,才能摔倒那個過去的你不甚滿意的自己。**

聽見神的回覆

至於怎麼認識自己,很多人會藉由性格測驗或看星座等等方式。這是個開始的起點、工具,但千萬不能當作終點。你不能以這些結果定義自己,也不能說:「對啊,算得神準,我就是這樣爛啊,怎麼樣?」然後繼續做不怎麼好的自己,那你是把算命、做測驗當成消遣娛樂?結果認清自己只是在浪費時間,全部淪為擺爛的藉口。

我做過一個九型人格的測驗,結果我是第八型,其中有一個特點是「不受控制」。沒錯,我很討厭被人指使,有些忠告聽在我耳裡實在很不舒服。有一次我禱告時還跟神說:「我就是不想聽人家告訴我要怎麼做……」忽然我聽到神的回覆:「那你很難做我的門徒。」

當頭棒喝讓我剎那間清醒了。以前別人跟我提出什麼很「逆耳」的建議時,在腦中第一個炸開的字是:「No!」不要指使我,對,我就是不想聽!(完全驗證果然是第八型人格)後來會先按下 pause 鍵,想想人家講的有沒有道理,仔細聆聽再好好思考,如果接受他的方式去做會有什麼結果?那個結果是我想要的嗎?是,那太好了,我願意去做。不是聽他的命令,而是我覺得那是有價值的意見。不需固執己見,或情緒化地想說別人要下指導棋,換個角度想,消化吸收成自己的理念,然後感恩地向對方說:「Yes!」

獨處，並體驗失敗

除了借助這些外在的資訊，獨處並挖掘內在也是很重要的方式。小時候獨處時我會很慌，因為不認識自己、不喜歡自己。當上牧師後，大部分時間要跟人在一起，跟好友閒聊、與服事夥伴討論工作、聽會友講心事，我一直非常樂在其中，但也更需要留一些 me-time。而發現獨處的必要，是因為我忽然喜歡上了這件事——以前我總在晚上找朋友出去聚會，有一次所有人都正好沒空，我又嘴饞想吃某個酒吧的漢堡，想想何不自己一個人去！當我邊聽有聲書邊品嘗美食，意外發現滿享受這樣的時光，慢慢地就養成這個習慣，也因此決定要跳開日常軌道，去山裡靈修一週，在那裡徹底反省、思索人生，更認識自己，並成為這本書的開端。

另外，**認清自己最直接又準確的方法，是和自己摔角被擊垮的那一刻。**當你不支倒地時，自然能領悟到還需要克服什麼、如何成長，並朝著未來變得更好的方向邁進。當人成功時固然顯現出你的強項，但唯有失敗時才能看清楚你欠缺什麼。在聖經中的《士師記》第20章，有個很有趣的故事。以色列人準備要爭戰，所以先問耶和華這場戰役是否該去打？神說去打，結果他們吃了敗仗。這不是很奇怪嗎？都已經先問過神了，祂明知會打敗，為何還要他們去打？一般想法是神會先警告他們避開，為什麼故意讓他們去打必敗的戰

役？其實神的心意是讓人們在某幾場戰役中輸掉，並從中學習如何贏得整場戰爭，透過這樣的戰役來模塑我們成為怎樣的人，讓我們都能夠以那個被模塑的自己為榮，那樣的光榮才是我們真正要去打贏的戰爭。

舊我到新我

那麼，該如何走向未來最終的光榮？我們又到底該活出什麼面貌？這需要一個典範。我是基督徒，所以我的典範很清楚，就是要活得像基督。《聖經》描寫出耶穌基督很完整的樣子──祂是君王，也是僕人；祂可以帶頭衝，也可以為門徒洗腳；祂可以在你挫敗時安慰你，也可以對你說嚴厲的話。祂擁有的一切美善都是我要追尋的，人生在世並不是得過且過或不犯罪就好，「成聖」是信徒生命成長的旅程。

「活出基督」這個標準讓我發現自己欠缺的部分，起初的我是神創造的，就是亞當、夏娃在伊甸園的樣子。**隨著罪行，我們有了「舊我」，所以透過耶穌更新我們，使我們能成為「新我」！**原本我是個一點也不勇敢的人，從小就害怕不被人接納，長大後內心也仍有許多恐懼，服事夥伴稱讚我很果斷，其實那是訓練出來的。以前的我總是顧慮太多，生怕失敗了被嘲笑，但後來我明白了一個道理：只因膽怯、害怕嘗試，就守舊地重複同樣的錯誤，那才是最大的失敗。不

要害怕必經的過程，必須嘗試新事物、新方法，從一次次失敗中摸索出真正成功的路。

「勇敢去做」絕對不是我天生的，而是舊我無法達成的弱點。我認識自己並期待自己成為勇敢的人，基督絕對不會退縮怯懦，所以「勇敢去做」成為我要謹記的原則。世間有太多真理，能不能在其中找到自己需要的原則、能不能始終堅守這些原則，其實就是在跟自己摔角時能否勝出的關鍵。

踏上自我
探索之旅

找自己聊聊的練習題

◤ 想一想自己最大的優點與缺點。

◤ 描述一次最令你難忘的失敗經驗。

6

道理與
原則

當一個有原則的人,
絕對會使你的人生大大加分!
因為別人會信任你,
那是人生最大的資產。

鍛鍊你的原則

當我們真正地認識了過去的舊我,並且期望能成長為未來的新我,無論以誰為典範,都必須透過堅守原則才能達成。所謂的原則,並非指聖人、偉人、哲學家說過的名言佳句,然後把它裱框當作裝飾品,那些頂多只算是「道理」。**因為「道理」是你可以掛在牆壁上的一句話,「原則」卻是你刻印在心裡的價值。**

各種道理在你我出生前或死亡後都存在,這世界上有太多道理了。但在我們存活的幾十年中,有哪些道理會成為自我的原則?我從小就聽過「勇敢去做」這個道理,但是這不代表它是我的原則。直到有一天,我開始去面對我裡面的憂慮、不安全感,然後開始不害怕失敗地去做,我才讓「勇敢去做」成為我的原則。

有趣的是,你所堅持的原則,並不需要是你與生俱來的。譬如「不要殺人放火」應該不會是你特別要去建立的原則,因為你從來沒有這種衝動。但是「對人慷慨,愛人如己」可以成為你努力持守的原則。「原則」是一種描述,但它並不是描述你本來是誰,而是你希望成為誰。所以**「原則」是需要每天鍛鍊的。**

而這種守住原則的過程,就是跟自己摔角的勝利方程式。想贏,不是做一次就好了,必須每次都堅持,一生都要

這樣做，不論簡單或困難、有沒有誘惑，都得這樣做。以運動員來舉例，不是偶爾去訓練一下，而是每天投入大量的時間，生病或疲累也不能放鬆，他們不是透過感覺去做，而是透過目標去做，即使在一般人眼中根本嚴格得不可思議！

所以，失落、厭煩、糾結時仍去鍛鍊的原則，總會使我們產生痛苦，因為它牴觸了你原本的習慣。摔角比賽結束時應該沒有記者會問選手痛不痛，不論誰輸誰贏都一定很痛，重點是勝過這個痛，以及不投降的過程。多數人感受到痛苦立刻就放棄，變成沒有原則的人，自然無法超越舊我的舒適圈，無法成長為嚮往的樣子。

信任從「原則」開始

「遵循先例」是美國普通法系重要的原則，意思是作為判例的先例對其後的案件具有法律約束力，法院以後面對相同的問題時必須做出同樣的判決。譬如說二十年前農夫 A 侵占了農夫 B 的東西被懲罰，十年後農夫 C 侵占了農夫 D 的東西，不能因為這個法官比較有憐憫心就不懲罰，須參考二十年前的舊案去判決。所以相對上美國的司法是很有原則的，讓人民比較有安全感，不是買通法官就能改變一切，所有法官必須遵循前例而非依自己心意決定。

國家制度越沒有原則，人民越缺乏信任度，黑道也越猖

獵，因為無法走正規的法律討公道，不得不尋找別的管道當作庇護。像義大利南北的差異就很明顯，北義是政治經濟中心、法治社會，而南義較 local 的鄉鎮透過感情關係辦事，所以黑手黨勢力龐大，因為很多糾紛人民找警察也沒用。

同樣的，一個人沒有原則，見人說人話、見鬼說鬼話，別人就會猜測你講的話到底是真是假，怎麼可能信任你、跟隨你？像是記者訪談時想要挖出更深層的事件，受訪者可能願意講，但要求記者不要公諸於世，而記者也答應「off the record」，最終卻為了搶頭條而寫出來，那就違背了原則，以後所有人再也不敢透露給他任何事。

反思我是不是一個有原則的人

因此**當一個有原則的人，絕對會使你的人生大大加分！因為別人會信任你，那是人生最大的資產。**我們不是非得要完美無瑕的領袖才願意跟隨，男女想找到相守一生的伴侶也不是因為對方十全十美，而是選擇有原則的人。在職場也是一樣。

一個沒有原則的主管，讓下屬懷疑他做的決定是憑個人喜惡，根本不是真的經過深思熟慮，遇事搖擺不定，更讓大家無所適從，所以乾脆不配合。有時候一個主管被討厭並非因為他要求高，而是癥結在於「原則」。我有時候會想，身

為教會主任牧師，我是不是一個有原則的人？有沒有什麼事是我跟這個人講 A，卻跟另外一個人講 B？我是否憑情緒變換指令？我會不會為了維護自己的利益，做出不同的決定？畢竟人性都有弱點，偶爾偏私似乎是人之常情，沒有情感投入時可以公平公正，若摻入了感性因素是不是就會有雙標？在種種壓力矛盾掙扎中，必須堅守所有個人原則時，我願意承受這種痛苦嗎？這是我常常在心中反思的問題。

> 踏上自我探索之旅

找自己聊聊的練習題

▌ 你是一個有原則的人嗎?這些原則曾經被打破嗎?為什麼?

▌ 對於沒有原則的人,你採取何種態度去面對?

7

我 是 誰

當你把頭銜拿掉時,
當你沒有成就、一無所有時,
剩下那個「純粹的你」是誰?

人生角色扮演

　　好萊塢巨星湯姆・克魯斯演出《不可能的任務》、《捍衛戰士》等一系列電影風靡全球，英雄形象深入人心。如果有一天看到阿湯哥出車禍的新聞，你是否會驚訝地想：「怎麼可能？他那麼厲害的間諜，還會開戰鬥機吔！」第一時間我們忘記了現實生活中的他，不是電影裡的男主角伊森・韓特、獨行俠，而這種混淆了真實和虛構的誇張事情並不足為奇，因為觀眾都是透過角色人設去認識湯姆・克魯斯，很少人知道真正的他是什麼樣的人。

　　人生像一齣戲，每個人在戲中扮演很多角色，如果你也像看電影那樣只認識自己扮演的某一個角色，久而久之忘記自己的本質，那將是一場悲劇！因為無法跳脫某一角色是很危險的，那個角色會控制我們，使我們越活越迷失，甚至難以跟旁人建立關係。很多知名人士就是這樣，他們誤以為全世界都該認識自己，動不動脫口而出：「你不知道我是誰嗎？」

　　職業、身分都只是你的角色之一，我們要把每個角色扮演好，就像好演員需要內在強大的能力技巧，才能駕馭各種角色，而不會受限於一種戲路；人生也是如此，要認清自己的優缺點、核心價值、需要面對的挑戰等等，**與真正的本質擁抱、和平相處並尋求進步，這樣才能扮演好各種角色。**角

色絕對是要「扮演」的,而演得出色的第一步是必須認知:
任何一種角色都只是你的一部分,不代表全部。

被成就迷惑

　　人也很容易透過「**成就**」來定義自己,猶如名片上寫的各種頭銜,自然而然習慣把這些當成自己的本質了。重點是當你把這些頭銜拿掉時,當你沒有成就、一無所有時,剩下那個「純粹的你」是誰?

　　隨著教會發展得越來越好,我在路上偶爾會被認出來,尤其在人多的地方機率更高。所以全家出遊時,女兒會把「猜猜看今天會有幾個人認識爸爸?」當作小遊戲,結果真的有人向我打招呼,逗得女兒笑開懷。這種時候,我會提醒自己:世界上百分之 99.999 的人根本不知道萬力豪牧師是誰。絕大多數的人不在乎我,沒聽過我的名字,對於大部分的人來說,我只是路人甲。

　　人一旦被成就所迷惑,就會活在自己很偉大的假象中,被一點點的成就沖昏頭,但其實所有的成就都等著被超越而已。今年的世界盃冠軍只是等待被明年的隊伍超越,賽跑紀錄第一保持人也只是等著被未來另一個跑得更快的人超越。「成就」不是永恆的,是短暫的,那我們為什麼要把自己建立在這些虛影上?

有原則就有代價

那麼,「**我到底是誰**」?簡單地說,就是個人的原則。只有原則不會被取代、超越。如果在人生中始終持守這些原則,一定也能把每個角色都扮演得很成功。

同樣的原則會連貫你所扮演的不同角色,但是在不同的角色裡,同一個原則所帶出的行為會截然不同。例如,一個男人可能在公司是老闆,但在家裡是父親。這是兩個非常不同的角色,但他可以在這兩個角色中應用同一個原則:「我是個值得信賴的人。」這意味著,在工作中,他勤奮且有能力,讓員工可以信任他;而在家中,他專注於家人,給予他們充分的情感關注。要讓人們認識你,不應該只是透過你所扮演的角色,而是應該透過你所堅守的原則。

過著有原則的生活並不容易,因為它們總是需要付出代價。以我自己為例,我的原則之一是「**願意做困難的事情**」。身為牧師,即使讀到聖經裡一個很難解釋的故事,我會選擇不要跳過,反而是嘗試用它來寫成一篇講道。有時,即使你的情緒給你許多理由要你放棄,你仍然必須堅持心中所持有的原則。「我相信每個基督徒都應該用神給予的恩賜和才幹建造教會」是我的原則。但是前陣子,一位優秀的服事夥伴要去別的教會,我也是秉持這個原則真誠祝福他。儘管心裡其實五味雜陳、難以割捨,但不會因此希望他離開

The Hope 就不建造教會了，如果這樣想就沒有實踐原則，只是看重私利。當然，我承認會有失落感，幾度跟神、跟自己摔角，而經過這樣一次次的鍛鍊過程，超越當下情緒，使我的原則越來越堅定。

突破難以接受的「原則」

第一次有人教導我去遵行一個難以遵守的原則，是我的英式橄欖球教練。他告訴我們，每次你輸球時，都要去「尊重並稱讚贏家」。他要求大家不論輸贏，賽後都要跟對方球員握手，如果有人不去握手就會被踢出團隊。那時我們幾乎每場都輸，明明灰頭土臉很想回家了，卻還是要微笑著跟對方握手，真的很難受！但教練強調，恭喜贏家、稱讚對方很棒、我們會再接再厲，才是輸家優秀的態度與原則。

有些人可能說判決不公平，輸家不能抗議嗎？裁判也是凡人，難免失誤或有偏私，連機器都可能出錯，而且神從沒說世界是公平的。這個道理是小學一位老師教導給我的，他總是出很多功課，有回我忍不住大叫大嚷：「It's not fair.」老師微笑了：「Life is not fair. Get over it.」生命本來就不公平，不要卡在原地。當你抱怨叫苦時，已經錯失了許多可能的發展，並不是要百分百公平的遊戲才能獲勝，而是該抓住每個契機去挑戰。

輸的原則就是你要尊重贏家，尊重打敗你的人，你才有可能成為贏家；如果不懂得尊重贏家，你這輩子不可能贏。再說，沒有人可以每次都贏，也不是全依憑數據去顯示贏或輸，真正的輸贏只有內心明白。可能表面上這場任務失敗，但學習到東西、有原則，那就不算輸家。屢嘗敗績不代表是人生輸家。英國首相邱吉爾在他的政治生涯中，參選失敗的次數比成功的還多。他最終成為首相不是因為贏得了大選，而是因為當時的首相內維爾‧張伯倫辭職了。但是他卻在上任後，帶領英國贏得二十世紀最重要的戰爭。

　　當我有小孩後，我也把這個「**尊重並稱讚贏家**」的原則教導給我的孩子。和兒子女兒玩桌遊時，總會提醒他們：輸的時候，要跟對方握手說 good game！如果講一堆藉口，或說對手運氣好，那是很沒風度的 sore loser（輸得很酸，輸不起的人）。有一次，我們在玩桌遊，遊戲結束時，我的女兒輸了。她離開了桌子，走到一旁開始啜泣。我對她說：「寶貝，沒關係的。遊戲本來就有贏有輸。現在妳要回來，和媽媽、爸爸握握手。」我告訴她：「下次可能是換妳贏。」後來，她漸漸在桌遊中打敗我們，輪到我握著她的手，對她說：「good game！」

找到身邊可學習的人

關於前面所提到的原則,我都一一寫在筆記本中作為警醒,另外再列舉其中幾項:

- 我是個有力量在艱難中站穩的人,但不會瞧不起或論斷跌倒者。
- 我的家庭是我生命中最重要的第一優先,超過工作。
- 我會看著目標前進,克服軟弱,讓未來的我不斷地(有時痛苦地)勝過今天的我。
- 我了解犧牲的價值,當神指示我必須犧牲時,我會嘗試去做而不逃避。
- 我會用神給我的所有恩賜和恩典去幫助、帶領周遭的人,而非自己享受。
- 恐懼會提醒我很多事,但不會控制我。

或許還是有人不知道如何找到屬於自己的原則,有一個最簡單的方式是:在所有認識的人當中,誰是你真心尊敬的?不只是欣賞他的某種特殊才華,而是這個人生命的內涵讓你打從心底佩服。記得高中時有位學長被指定為學生領袖,他不只是功課優秀、曲棍球的技術高超,最重要的是他在每一場比賽都拚盡全力,平日又散發沉穩的紳士風範,讓

我覺得男人就應該是這樣子。

有沒有這樣一位讓你尊敬的人？ 他未必是多麼知名的偉人，可能是你的父親、老師、主管，他們可能沒沒無聞，沒什麼成就，但對方說過的話、做過的事卻深深影響了你？這位讓你尊敬的人有什麼特質？不只是他的成就，而是什麼東西鍛鍊、造就了這個人，譬如說他是個願意_____或不怕_____或堅持_____的人，以上的空格就是你能夠當作自己的個人原則。

有些原則隱藏在最底層的、不為人知的祕密角落，像是舊時沖洗照片，要在完全不透光的密室中才能顯影。如果想成為被尊敬的人，或是期許未來以自己為榮，那就把這些原則一個個挖掘出來吧！跟隨著這些專屬原則，那就是你生命中的北極星。

踏上自我探索之旅

找自己聊聊的練習題

▌ 列舉生活中你需要扮演的角色?你最喜歡哪一個?最不喜歡哪一個?

▌ 書中說「要讓人們認識你,不應該只是透過你扮演的角色,而是應該透過你所堅守的原則。」請問你堅守的原則是什麼?

▌ 你身邊有可以學習的人嗎？最想學習什麼？

Chapter 3

[誠實 Honesty]

人生最大的悲劇是活在
自己編織的謊言裡,
到最後,連自己都被騙了。

8

誠實，
比你想像的還困難

誠實地接受「我就是我」，
認清自己的優缺點，
並懷著盼望朝向未來的目標前進。

謊言無法得到祝福

　　人人會說謊,這是人的天性。從小到大我們不知道講過多少次謊言,對他人對自己,或許,每個人都欠了一份誠實。

　　關於說謊,在聖經裡的《創世記》有個著名的例子:雅各。雅各這個名字在希伯來文中的原意是「騙子」,他也的確善於耍小聰明,用一個個謊言欺騙父親,不擇手段要奪得長子的祝福。當老邁眼盲的父親問他:「你是誰?」雅各說:「我是你的長子以掃。」

　　當一個人用謊言來換取別人的愛,他不僅要承受不斷編造更多謊言的痛苦,還將永遠無法確定別人是否真心愛他。他會隱隱覺得,愛他的人愛的是那些虛構出的假象——而這確實是事實。因此,無論他得到多少愛,也不會真正屬於他。

　　就像雅各假裝成長子,為了騙取祝福和好處,但父親本來要祝福的是「以掃」,不是「雅各」。後來這場騙局被以掃知道了,要追殺雅各,讓他不得不逃離,就這樣展開了二十年的旅程,去尋找真實的自我。二十年後,雅各要回家的前一晚,神派了一位天使與他摔角,雅各始終占上風,於是天使見自己勝不過雅各,就讓雅各的大腿關節脫臼。當天使要離開時,雅各求祂給自己祝福。天使祝福他之前卻先問

他:「你的名字是什麼?」他說:「我是雅各。」

最後這句話「我是雅各」講得似乎很簡單,但其實經過多年追索,他才能坦然說出來,代表他終於接納自己是「雅各」了。天使回覆他:「沒錯,從今天開始,你叫做以色列。」這是神給他的名字,意思是跟神摔角並且得勝。他勝過了神嗎?事實上他是勝過了自己。他跟過去那個想當以掃、不誠實的雅各搏鬥了二十年,在接納自己的這趟旅程中得勝了,他勝過以前年輕時的想法,不再覺得要成為以掃才能蒙恩。他明白了這一點,所以會對神說:「我是雅各」,而雅各也可以被神所祝福、所愛,那就足夠了。

純正真實的自己

這是一句很有力量的話,**能承認自己是誰、誠實面對自我**,那就足夠了!足夠的意思不是停留在原點,完全不求長進,而是誠實地接受「**我就是我**」,認清自己的優缺點,並懷著盼望朝向未來的目標前進。

千萬不要覬覦他人的名分、地位、優勢,意圖騙取別人所擁有的,下場就是永遠找不到自己真正的嚮往,永遠看不見自己獨特的價值。久而久之,沉溺在一個編織的幻影中,無法活出真實的價值與身分,只能一直躲藏在另一個人的陰影底下,永遠不敢到陽光下走自己的路,好比戴著漂亮的假

面具照鏡子，還說服自己本來就是鏡中反映的那副模樣。

是的，誠實很像在照鏡子，大多數的人不願意看得仔細，怕看清楚臉上的瑕疵，或者嫌棄鼻子不夠高、眼睛不夠大、嘴唇不夠豐厚⋯⋯常常粗略地匆匆瞄一眼，不然就想盡辦法遮蔽或美化。**不誠實面對自己是無法愛自己的**，你愛的只是朦朧曖昧的圖片；**不誠實也很難真正感受到被愛**，因為心底明白別人的讚賞與親近，只是針對外表那層虛假的偽裝。

身為基督徒，我相信不管有多少缺點，神還是愛我。當神說愛我，不是因為還不了解我、被我蒙蔽了，相反的，我的一切從內到外、從出生到死亡，祂都看得清清楚楚。神愛的是面具下的那個真實的人，不像人們很容易被外在迷惑，譬如喜歡一台漂亮的車子，買來實際開上路才發現操控有問題，並非如同廣告裡那麼完美；談戀愛更是如此，距離造成美感，總因誤會而結合，因理解而分開。而神是跟人最親密的，祂看透我們，不是隨意瞥一眼，或者把我們打扮成另一個樣子；神這樣對待我們，我們也該這樣對待自己。

接受自己的不完美，神依然愛你

人生最大的悲劇是活在自己編織的謊言裡，你可能認為瞞過了所有人，但卻沒發現這包含了自己。如果有人真的可

以連自己都騙到底,難道不是誤以為長年累月戴的那張假面具就是自己真實的臉!「**真愛**」是徹底認識一個人的表象、靈魂,然後全盤接受,對自己當然也是如此;如果我們不接納自己的真實面,那說愛自己只是愛著假象、虛構的版本,當這個版本與真實世界發生衝突時,發現「原來我不是這樣」、「原來我只是那樣」⋯⋯還可以承受這般難堪,繼續自導自演嗎?

「**誠實**」遠比你想像的還困難,但留在謊言裡的代價更大,因為你無法誠實面對,就無法愛自己。**愛自己的第一步是接納,而接納的第一步是誠實,沒有誠實就不會接納,沒有接納就沒有愛。**

如果用一個想像的畫面來描寫「誠實」,那彷彿是在直視鏡中的自己,看得越來越專心、越來越深入,可能會發現很多不漂亮、不滿意的地方,也或許會看到很多引發痛苦悲傷、巴不得掩蓋的細節,但仍然堅持凝望。整段過程不簡單,絕對不舒服,然而最後不會愁眉苦臉,更不會把鏡子打碎,而能對鏡中真實的樣子展露微笑。這就是信仰的力量,神愛我,耶穌救贖了我,我不知道沒有神,一個人怎麼接受自己的不完美?因為有神,縱使破碎醜陋也沒關係,神的愛會使我們有勇氣去修補、思考、改變,然後誠實地活著。

踏上自我探索之旅

找自己聊聊的練習題

▌ 試試照鏡子五分鐘，看仔細鏡中的自己。

▌ 你最滿意與最不滿意自己哪些地方？為什麼？

9

聽聽別人的聲音

被戳到痛處才會反應激烈,
聽到評論的聲音感覺扎心刺耳的,
通常是你藏在心底、
沒有真實面對、
不願探索的真相。

你說我聽反饋大會

　　大約在三、四年前，The Hope 開啟了「**反饋文化**」。每年五月全體員工要給組織打分數，來衡量教會是否健康發展；另外，每個人都要去蒐集周圍人的反饋，來幫助自己發掘問題。任何反饋都不需要匿名，大家不是批評、抱怨、亂發牢騷，而是出自真心想幫助對方而給予建議。

　　反饋讓我們懂得去了解對方的感受，一般人都是本位主義，習慣從自己的想法出發，但團隊要健康發展，就必須同時從別人的角度感受。反饋不能很情緒化地說：「當你這樣做，我不爽！」而要具體地說出：「當你有這樣的行為，對大家的影響是什麼？結果造成什麼？」

　　人與人之間理智地溝通，就不會發生爭辯。提出反饋的人講出他的想法，接受者不必反駁，只要仔細聆聽。畢竟每個人的感受不同，甚至可能是完全相反的，不能照單全收。聽到批評指導只需道謝，或是請對方講得更明確，譬如在什麼狀況、哪一次事件讓對方有這種感受，確定清楚對方的意思再去思考其價值。

　　開始這樣的「反饋文化」是有起因的。我關注一家公司多年，他們的產品非常卓越，但前幾年組織發展逐漸下滑。我認識裡面的兩位高階主管先後辭職，他們聊起離開的原

因,共同點是「有些問題已經反應多年卻始終沒改變,所以只好選擇離開。」

這個原因給了我很大的警惕,我不希望有一天 The Hope 也走到這一步。有沒有什麼事我忽略了?有沒有什麼聲音我沒聽到?所有的反應意見都可能很重要,而身為領袖的人必須有勇氣、有雅量聆聽,從中學習與改進。

因此,每年都有同事很直接地給予反饋,勇於抒發他們的感受。老實說,這對我是個很大的挑戰,因為害怕聽到別人真實的感受,「原來他這樣想我」、「原來我這樣說讓他這麼生氣」……想想看,那是多麼折磨的一件事。

難以承受的誠實話

第一年尤其難以忍受,收到大家給我的反饋時,心情頓時跌落谷底!很多無法想像的問題一一迎面劈過來,讓我忍不住懷疑人生。當天腦子亂哄哄地回到家,立刻跟 Peggy 吐苦水,Peggy 聽了要我去整理所有人的反饋,看看有沒有哪些共同點,因為那應該是千真萬確的實際狀況。

其中的確有些共同點,令我印象深刻的是同事覺得開會時,有些事物沒有照我的想像進行,我顯露不滿的表達太嚴厲太直接,令大家很沮喪。剛聽到時有兩種心情,第一種是生氣,內心很想辯解:「你們沒有坐在這個位置上才能這樣

講!你們根本不知道實際狀況!」雖然也沒錯,但今天坐在這個位置的人本來就要承擔更多,也沒什麼好氣的。再說,他們不是針對我,而是表達主管這樣說話,任何下屬都會很難受。當然,這些領悟都是後來才慢慢想通。

除了滿肚子火,最主要的心情其實是沮喪——原來我是全世界最差勁的領袖!亂發脾氣,讓團隊士氣低迷!我的個性比較極端,有時自我感覺過分良好,有時又覺得挫折慘敗,事實上我不會是最厲害也不會是最糟糕的,但內心常會產生極端的鐘擺。

回想開會時,發現計畫出狀況,我的確是很憤怒地責問:「為什麼會搞成這樣?」諸如此類直接的表達是當下的感受,即時的反應很激烈,但不會影響我的作為,**冷靜下來所選擇的原則才是真實的**。我是一個總把情緒倒在人家身上的領袖嗎?或者我是一個願意鼓勵人,幫助人克服困難達到目標的領袖?選擇並執行的那個才是最真實的,但對方接收到的是當下的情緒。這讓我決定要好好管理情緒,更盡力提供協助,相信不會有同事以壞脾氣的領袖來定義我,我也絕對不願意因為表達方式錯誤而使夥伴們難過灰心。

還有一個反饋則是令我頗意外,我向來期許自己是個態度親切、平易近人的領袖,有時候卻弄巧成拙。我很愛說笑,覺得這樣氣氛比較輕鬆,能拉近彼此的距離,沒想到同事的反饋是:「當人們在認真分享時,不要亂開玩笑轉移焦

點,好像沒有認真聆聽。」對方可能正講到因為神做的事很受感動,卻被我打岔說了一句不相干的笑點。很像綜藝節目主持人亂接話,自以為幽默製造笑果,卻讓所有人的注意力轉到他身上,原本心情澎湃的來賓被打斷,遲疑該繼續講下去,還是要順著主持人說笑。我以為說句無傷大雅的笑話可以顯得親近,結果卻反而使人覺得不受重視、我大概不想聽對方分享,導致大大的反效果。

不再恐懼聽到實話

讓人印象深刻、難以承受的反饋,往往是由於內心知道「那是對的,我真的是那樣子」。如果有人罵我是個超爛的騎士,我完全無感,因為我根本沒騎機車。然而,如果我的職業是司機,確實也動不動出車禍、被乘客投訴等等,聽人家批評自己是個差勁的駕駛,鐵定氣到跳腳。被戳到痛處才會反應激烈,聽到評論的聲音感覺扎心刺耳的,通常是你藏在心底、沒有真實面對、不願探索的真相。

前一篇提過「誠實」像在照鏡子,牙縫裡有菜渣一定要照鏡子才看得到,而反饋的意思是讓別人當那面鏡子,幫你反射出盲點,那是你自己找不到或忽略的菜渣。願意誠實地看著每一面鏡子反映出來的景象,然後去針對錯處修補,過程絕對不舒服。不過也沒有想像的可怕,第一次可能很困

難，但第二、第三、第四次經過不斷思考和訓練，自然會變得越來越容易了。

由於收穫很多，因此除了每年五月，我想要更頻繁地接受到反饋。每週跟主管們一對一討論工作時，在結束前我時常會問對方：「你有沒有什麼反饋可以給我？」他們也越來越能夠輕易說出真心話，不會擔心惹我不高興，我們可以很誠實地溝通、對話、交換心得，不必揣測對方想聽什麼，真的幫助整個組織以及個人都成長很多。**首先，我的內心更強大了，所以不再恐懼聽到實話。**會強大是因為你針對弱項去鍛鍊，就像是進健身房會加強鍛鍊較弱的肌肉，使全身上下每個部位都很強壯；修建損壞老舊的房子，要去改善軟弱層，結構才能更穩固，否則很容易變成破口。

讓別人對你實話實說

人通常很自以為是，在別人犯錯時跳出來當法官，自己犯錯時則搖身一變成為辯護律師。不願承認自己犯的錯，自己做不好都有一堆理由，但別人做不好又自認為公正無私，可以評判對錯。人也常因此看不到自己的問題，相信自己是個最憐憫、最慷慨、一切美好的人，用這些蒙蔽自我的感覺建造人生，還以為能搭建出一棟華麗的皇宮，讓所有人羨慕。事實上，最終是拼湊成一座牢籠，自己迷陷其中，再也

走不出來。所有獨裁者都是如此，缺乏反省的能力，不採納任何諫言，旁邊的人粉飾太平，沒有真實的資訊，無法掌握大局，當然不會有好下場。

「反饋文化」就是訓練自己誠實的一個方法，**如何成為別人能夠勇敢當你的鏡子、跟你說實話的人，也是一種「誠實」**。因為別人知道你勇於接受意見並改變，對方才敢說實話。所以當別人給予反饋時，我在心裡默想著：要如何真誠地表達，絕對不能讓對面的人覺得「講實話會被懲罰」。要是我惱羞成怒，大發雷霆，那就是這個人最後一次跟我講實話了。

前陣子有位同事寫給我一張卡片：「謝謝你總是為了我們，願意不斷改變……」短短的幾句話讓我十分感動。持續這幾年下來，從開始的恐懼、心情起伏，漸漸轉變為坦然接受並期待大家的反饋，因為深深切切地了解到：這些年很多的個人成長，來自許多誠實的反饋，這些寶貴的意見促使我下定決心反省，更清楚地看到問題所在，並誠實地去面對與解決。**感謝所有夥伴的「誠實」，也以自己的「誠實」和「努力」為榮**。

踏上自我探索之旅

找自己聊聊的練習題

▎和你的朋友或你的團隊組織一個「反饋大會」,然後紀錄你聽到誠實話的反應。

▎和你的家人舉辦「反饋大會」,然後記錄你聽到誠實話的反應。

10

看看自己的內心

沒有人永遠只有光明面,
卻未必認識自己的黑暗面,
可能是刻意壓抑或不以為意,
危險的是萬一它們漸漸控制了你的人生,
該怎麼辦?

人的陰暗面

在加拿大念書時,我去上駕訓班學開車,教練會給予很完整的教導,不只是技術,還包括各項行車禮儀。後來回台灣才沒多久,我很快地「入境隨俗」,把所有在加拿大學習的禮儀全部拋諸腦後,反而模仿很多 NG 行為。再去加拿大開車時,仍然以「台灣模式」上路,結果常常被別人比中指,我只覺得對方是馬路三寶!似乎一上路,我的易怒毛病就被激發出來:嘴上碎念、甚至追車,很明顯的路怒症,直到這幾年經過努力鍛鍊才比較緩和。

這種情形讓我想到一個問題:「**學習好榜樣**」與「**複製壞行為**」,哪個比較容易?多數人的答案應該都是後者。三字經一開頭是「人之初,性本善」,我不太認同這句話。小孩子如果沒有被教好,往往展露自私原始的樣貌,只憑著本能去想盡辦法獲得想要的東西,以為自己是宇宙中心,不會替人著想,不會跟人分享。人之初,本性是惡的。每個人都有不同的黑暗面,這些不好的行為與思想平時可能掩藏得很深,在適當的環境下卻如同病菌般茁壯生長,譬如戰爭時期會看到人性最醜惡的一面,因為保命求生存是最重要的,什麼道德情操都放兩邊。

當別人露出黑暗面時,我們會想,他怎麼可以這樣邪惡、怎麼會那樣糟糕?卻常常忽略掉自己的黑暗面。很多離

婚的夫妻找我談話,都會說「沒想到對方使出如此手段」、「簡直變了另一個人」……好像從來不認識對方有這麼可怕的一面。真的是對方離婚當下忽然性情大變嗎?應該是他隱藏的黑暗面,在極度壓力下被激發出來,控制了他的言行,以致變成了最親密的陌生人。

挑戰自己的陰暗面

你是否曾經做過一種很怪異的夢,在夢中你的行為表現出平常想都沒想過的渴望或欲念,醒來覺得很納悶?或許那就是潛意識裡的黑暗面。**沒有人永遠只有光明面,卻未必認識自己的黑暗面**,可能是刻意壓抑或不以為意,危險的是萬一它們漸漸控制了你的人生,該怎麼辦?

我那一次在山上獨處時,有一天早晨坐在木屋陽台的火爐旁,一邊聽音樂、喝咖啡,一邊開始想這個問題。打開筆記本,其中一頁的標題大大寫著:My Shadow,用影子作比喻是因為平常看不見影子,但陽光灑下來它就會出現人的形狀。每個人的黑暗面不也是這樣?你的、我的、他的影子都長得不一樣,因為它是本人身形的延伸。

跟無傷大雅的缺點不同,黑暗面會造成傷害,除了毀滅自我,甚至影響到旁人。想想生命中哪些決定做錯了?或者哪段關係沒有按照期待的劇本發展下去?一段感情結束,

你在其中的角色是什麼？你做了什麼造成這個結局？而所有不如所願的事情，有沒有哪些是同樣的模式？做錯一件事、毀掉一段感情，不至於讓你完蛋，但一個錯誤的模式，不斷套用在所有事情上，走向失敗是必然的，那個重複的模式八成就是你的 Shadow。瘋子的定義是不斷重複做同樣的事，而期待有不同的結果，撞一次牆頭很痛，又撞第二次、第三次……期待總有一次不痛了，下場卻是到死才肯停止。

雖然我算滿認識自己，平常也時常在反思，所以自己有哪些黑暗面馬上一一浮現腦中。然而，我卻花了好久的時間才下筆寫出第一行字。寫下來好像就成為報導，具體而真實。大學教授曾說過人類對寫成文字發表的言論，會覺得很具權威性。可能是因為這種心理，回想當時寫下第一句還滿掙扎、需要勇氣，逃避是不勇敢的，沒有勇氣不可能誠實，寫下來就像逼著自己去面對，思考如何做出改變的行動。看著白紙上寫的黑色，彷彿再次審視自己的內心，寫下第一句之後，接著寫第二、第三句越來越容易。相反的，當你放棄第一個挑戰，注定了一生都會選擇逃避。

邀請神來檢視我們的心

筆記上最令我思索再三的 Shadow 是「復仇」的心態。我錯誤地認為，如果我被人傷害，就要加倍奉還。從小看

《基督山恩仇錄》覺得報復計畫好過癮，英文也有句諺語「復仇這盤菜，要冷才好吃」，意思是要很冷血無情、給敵人致命一擊，才能有極致的滿足。然而身為基督徒，不該有這種錯誤的念頭，這就是我的黑暗面，它藏在我身體裡蓄勢待發、如影隨形，承認它的存在才能控制它，不會被它帶著走。畢竟人不是跟著影子走，而是影子跟著人走。或許永遠甩不掉它，最可怕的是忘記它的存在，誤以為自己是完美的聖人。

曾經看過一個影集，主角是金融業的億萬富翁，他的內心世界很扭曲，在各種壓力下他極為暴躁易怒。而相對於這個負面角色，還有另一位富翁，表面上看來很正派、有理想，全心全意想貢獻給國家社會，根本是萬人崇敬的楷模。當這個大好人決定競選總統，大家都很支持，唯有看透他的人說：「一定要阻止他當上總統，這種人擁有權力時會為所欲為。」事實證明，表面美好的富翁活在別人的掌聲歌頌中，慢慢催眠自己是英雄，全世界等待他來拯救，他的作為全部正確、動機永遠純正高尚，最後黑化成大魔王。

我們不該太相信別人的奉承，外界的讚美不能全盤接受、信以為真，要一直檢視自己。在聖經的《詩篇》139篇裡，大衛的禱告詞中，他不斷地邀請神來檢視他的心。人們常會說要「跟隨你的心」，這其實是一件很危險的事。因為人心詭詐，心裡的暗影可能會欺騙我們。人不是忽然跌入谷

底，忽然變成邪惡反派，而是像進入一個山洞，越走越黑、離光亮越來越遠，別以為影子不見了，而是整個人被吞噬掉。

在聖經的《列王紀下》第 16 章，講到大衛的後代亞哈斯二十歲登基為王，他不但沒有效法大衛邀請神鑒察他的心，反而延續殘虐的習俗，甚至把自己的孩子燒死獻祭祈求豐收。耶和華曾跟以色列人說進到迦南地不可以跟著做這種事，而這位王卻為了鞏固權力，做出如此喪心病狂的罪行！他總共在位十六年，我猜想他不是一開始就如此極端，而是一步一步地走火入魔。

三步驟避免黑化

那麼，看如何清楚內心的暗影，避免黑化？為了不要被影子掌控，**第一步驟是「承認」**，不要假裝自己做任何事情都是光明無瑕疵、沒有夾帶任何私心，因為即使有易怒、忌妒、貪婪等等各種黑暗面，神還是會呼召我們、親近我們，神早已鑒察我們的全部，依然愛我們，給予我們安全感，再巨大再卑劣的暗影都可以勇敢承認。

第二步驟是「帶到神的面前，邀請聖靈來光照」。就像一間漆黑的房子，只要把燈打開，即使角落也全部清楚顯現；黑暗不是就此消失，燈光一關閉，立刻又伸手不見五

指。黑暗不是消失,只是被光驅趕,神的光才能阻止我們被影子迷惑。

第三步驟是「在生命中背起十字架,走那狹窄的路」。 當摩西帶領以色列人渡過紅海,走在窄狹的道路裡,兩旁是高聳的海牆,有耶和華的手扶住才不會被海淹沒。我們與暗影也是緊密貼合,僅僅一步之差就會被籠罩,然而有神的光護庇,我們就不用恐懼。

踏上自我探索之旅

找自己聊聊的練習題

◤ 解開內心的暗影的三步驟：承認→帶到神的面前→在生命中背起十字架，走那狹窄的路。試試用三步驟來面對內心的暗影。

Chapter 4

[美好 Beauty]

不要追求別人眼中的成功，
只有真正美麗的事物
值得耗費一生去追求。

11

美麗是
真理的光輝

如果你不希望離開世間時,
以醜陋形容自己的一生,
就要趁早思考該如何活得像個「人」,
並進而追求美好、建立美好。

你認為的「美」是什麼

關於「美麗」，通常被認定是很主觀的，有句話說：「美麗是透過個人的眼光去判定。」在你眼中無與倫比，可能在他眼中稀鬆平常，每個人的審美標準不一。但應該不會有人覺得排泄物很美吧？奇妙的是，我還真的看過在一個盤子上盛放著大便的藝術品！為何這是藝術、美在哪裡？創作者自有獨到見解。

這就是後現代主義所標榜的：世界上沒有真理，沒有什麼絕對的對錯美醜，有沒有價值全看如何詮釋自己的想法，完全找不出原則與標準。所以那盤大便藝術必須經過創作者詳細說明整個理念的來龍去脈，否則觀者無法了解。這種把所有客觀標準拿掉、一切隨個人定義的結果，就是會急速瓦解，因為無法引起大眾共鳴。

真正的美是不需要被解釋的。日落黃昏時，看到五彩絢麗的天光雲影，大家自然會拿出手機捕捉美景；博物館把頂尖藝術品陳列其中，不管是畢卡索的〈哭泣的女人〉、梵谷的〈星夜〉、達文西的〈蒙娜麗莎〉，還是米開朗基羅的雕刻〈聖殤〉，不必解釋歷史、不必認識這些藝術家，觀者都會發自內心感嘆欣賞。

活出神造你的樣式

　　基督教對一些事物**有絕對的判定，不能隨意更改、隨意定義**。有句古早的話說：「美麗是真理的光輝！」意思是在此思維中，「真理」和「美麗」不可分開。真理不是主觀的，而有客觀的對錯，不需多做解釋，大家都能感受理解，所以一個人是否做出美麗的事情、活出美麗的生命，也會有共同的概念。我們常說：戰爭會彰顯出人類最醜陋的一面，一群士兵到村莊強暴婦女、濫殺無辜，一定會被譴責「人不該有這樣的行為」、「那是不人道的」，任何情況下都不可能曲解成美麗的。

　　相對於醜陋，一個人為所愛犧牲生命，那是美麗的；一個人跨越自己的障礙去完成目標，那是美麗的。因此美好的人生不是為所欲為，身為父母不負責任、不照顧家庭，身為孩子不孝順父母，就不是美好的。

　　神在創造宇宙萬物時說：「這是好的！」神看著祂的作品全都是美好的，因為這些東西表現出被神造的樣貌：日月星辰、山川土地、蟲魚鳥獸永遠是那般原始的美，人類當然也應該活出神原本造出的本質。並非要完美無瑕，沒有人做得到，而是要活出該有的樣子。

　　為什麼一隻獅子吃掉小羊，沒有人會批評獅子「不獅道」，大狗欺負小狗，不會有人說「不狗道」？除了人以外

的生物做出任何事，不會被批判是醜陋的、不應該的。天生萬物的任何行為，我們會說那是野性，求生存的必要，都是正常的。然而，只有人是照著神的樣子創造的，人生的樣式有清楚明確的圖片——當人離開那個樣式，叫做醜陋；活出那個樣式，叫做美好。同樣的，不需多做解釋，也不是透過主觀的眼光判定。

向美好人生越來越靠近

很多人覺得人生不美麗、過得不美好，不外乎是金錢與人際關係的各類問題，和原本想像的不同。追根究柢就是沒有活出本質、神創造的樣式。正常健康的關係下，父母照顧、陪伴孩子，孩子依靠、信任父母，伴侶親人朋友鄰居之間相愛相扶持，世界自然和諧。如果孩子不尊重父母，父母拋棄小孩，各種關係破裂，人與人之間充滿算計爭鬥，遠離了原本的樣式，當然會過得很悲慘。財務也是這樣，美好的狀況是不被錢控制，相反的被債務打亂規劃、為金錢勞碌痛苦，那也是因為遠離了該有的樣式，所造成的惡性循環。

每個人都是神按照其心意造出來的，彷彿是藝術家創造的一件精品。如果你不希望離開世間時，以醜陋形容自己的一生，就要趁早**思考該如何活得像個「人」**，並進而追求美好、建立美好。「美好」跟「真實」的中間可能很遙遠，中

古世紀把教堂蓋得非常宏偉，讓民眾渴望走進美麗的殿堂；而現今人們嚮往回歸自然，往往是都市環境不舒服或心靈受傷需要療癒。**人生就是不斷在追求美好，努力拉近與現實的距離，要是「美好」與「現實」沒有距離，人生就有動力了。**

如果你問我人生的美麗樣式能不能具體描寫出來？必須承認有時候很難用三言兩語表達，就像被某種奇妙的景象感動到詞窮。真正的美會直接進入你的腦中，對你的靈魂說話，更何況**人生要靠自己去體驗、去選擇，沒有什麼可以依循的 SOP！**而我相信，神是道路、真理、生命。當我們親近神、認識神，來到神的面前，就能深刻地對美好的真諦心領神會。

> 踏上自我
> 探索之旅

找自己聊聊的練習題

▌ 想一想至今你體驗過哪些「美好」？

12

我們在建造伊甸園或巴別塔？

千萬別只顧著追求建造更高大的巴別塔，
因為用心經營美麗的伊甸園，
才是人生真正的方向。

美麗人生需要真實情感

在聖經《創世記》第 3 章，亞當、夏娃在伊甸園的那段故事，大家應該都耳熟能詳。神告誡亞當、夏娃在這個花園裡，什麼都可以吃，只有一種果子是禁止食用的。然而夏娃卻被那顆「悅人耳目」的果子吸引住，還是忍不住摘下和亞當一起吃了。兩人吃下禁果以後，眼睛被打開了，所有東西看得一清二楚，表面上似乎是好事，其實代表著人類開始被外表漂亮的東西迷惑住了。

在英文中，pretty（漂亮）和 beautiful（美麗）是有差別的。真正的「美麗」是表裡一致，結合善良與真理，從內散發到外的光芒。神創造出的人類天生會被美麗所吸引，因為人是被美麗的神所創造，聖經寫道：「我們要瞻仰神的榮美」，祂會吸引人們來到祂面前，想要更認識祂。

而「漂亮」只是虛有其表，探究內裡是空洞的，就像仿冒品、假貨，看起來和真品很相似；魔鬼的形象也是如此，他們的容貌是如此吸睛，但內裡是邪惡、死亡。漂亮的東西絕對充滿吸引力，像是一輛紅色跑車，曲線優雅、引擎聲轟隆、內裝精緻，開在路上無限虛榮，旁邊一名靚女陪伴，數著用不完的花花綠綠鈔票……這應該是大多數男人夢寐以求的，可是我不會稱這樣的畫面為「美麗」。

在我心中美麗的畫面是：一個家庭或三五好友擠在箱型

車中,大家有說有笑,分享愛與歡樂。車子外表起不起眼,重要的是真實的情感,這種畫面才能被稱為「美麗」。

當然,追求漂亮的人事物也不是壞事,為了想擁有渴望的東西努力打拚,犒賞自己的辛勞、享受感官舒適並不是負面的。那些吸引你眼目、刺激你產生渴望的本身不是惡,只是要認清楚那是最膚淺的滿足。你的人生不是不能有這樣的追求,只是不能停留在這裡。要不然,你會不擇手段,用偷的、騙的,或是刷爆信用卡、欠一屁股債,為了一個「漂亮」的人生,後來卻活得一點都不美。

一生跟隨神

為什麼人擁有一切,還是覺得不快樂? 為什麼很多看似人生勝利組的人,內心卻空虛憂鬱?正因為他們誤以為活著的目的就是拚命追求金錢、名氣、地位這些外在華美誘人的東西,即使擁有再多仍不快樂。而下場多半有三種:第一種是憤世嫉俗,變得很消極,欲望根本像無底洞填不滿,乾脆算了,躺平比較輕鬆,何必那麼辛苦?從此失去目標,不知道人生有什麼意義。第二種是總覺得到手的不是真正最漂亮的,有了香奈兒,再看看LV,賓士車開一陣又想著法拉利才夠拉風,騙到了女神姐姐的芳心,轉眼瞄到西施妹妹好像更迷人!一般人多半陷入如此境地,不足夠再轉移目標或雙

倍加碼，沒完沒了的不歸路。

最好的結果是第三種，終於領悟到原來「漂亮」的只能滿足眼目，而內心深處需要擁抱的是「美麗」！真正的「美麗」才值得用一生去追求，原始的大自然、獨創的藝術、真誠的情感，需要你投入、參與、經營、打造。而且「美麗」會改變你的內在，那是無法在短時間內不費代價虜獲到手，也絕對無法占為己有，正如你不可能偷一個幸福家庭，或買來真摯的好友。

神邀請我們的生命與祂交會，也是要一生跟隨祂，如果我們追求的目標錯誤，如果我們被永無止境的欲望迷惑，下場就會徒勞空虛，無法建立美麗的人生。

高山上的眼淚

獨自去西雅圖山上靈修的那段日子，每天都會找尋幾條登山的路線。我充滿活力和信心，沒有特別注意路程的困難度。有一個清早，照例打包出門，帶著筆記本、水壺和兩個蘋果上路。那天的步道尤其荒僻，爬了整天只遇到一個女生帶著狗狗，我們打個招呼擦身而過。接下來一個人默默爬著爬著，漸漸感覺到腿痠無力，沒什麼心思看風景，腦子裡盤算著只帶了兩個蘋果，不能一下子吃光光。

總算爬到一個高處時，我停下來歇息。放眼望去，看

見一個湛藍清澈的大湖被群山環繞著，溫暖的陽光灑在各種深深淺淺的綠樹花草上，空寂無人的氣氛奇異靜謐。不知道是爬山太累還是怎麼了，凝視著這一幕景色，我開始莫名掉眼淚。平常我不至於那麼多愁善感，看電影也不常會感動流淚，然而那天卻忽然有點無法控制。

然後我擦乾淚水，翻開筆記本寫下：「謝謝神創造這麼美麗的景色跟我分享……」在這個時刻，寂靜到只聽到微風和葉子掉落的聲音，世界彷彿只剩下神和我，深深覺得自己是被神愛著，簡直可以感受亞當和夏娃在伊甸園的喜樂。

提醒自己人生真正的方向

帶著滿心的激動與感恩，我費了些體力再次走回小木屋，坐在火爐旁邊，重新打開筆記本。當時寫的那句：謝謝神創造這麼「美麗」的景色，我用的是 beautiful 這個字，神的創造和作為用這個字去形容是最貼切的。看到雄偉的山，不會說那座山很成功；看到廣闊的海，不會說這是一片成功的海；神創造人，讓人住在美麗的、而非成功的花園裡。偏偏人卻總是在追求成功，**把成功當成美麗。**

神把伊甸園交給亞當和夏娃繼續建造，但吃了禁果、開了眼睛的他們墮落了，所以被神趕出來。結果人類不但沒有醒悟，反而執著於建造巴別塔，什麼都要追求最高、最

大、NO.1，等同於一般人所謂的「成功」，而且往往是在比較——我的錢比別人多，我的房子比別人大，我擁有的比別人更好。事實上，世俗定義的「成功」、「漂亮」都是外在的，巴別塔越蓋越高，永無止境，努力做著沒有價值沒有意義的事物，自以為功成名就，其實走上錯路。在錯的地方達到成功，其實是一種危險與失敗，因為那種假象只滿足了立即性的需要，就像漂亮的東西讓人志得意滿，誤以為擁有全部了。

在聖經《啟示錄》中，神責備老底嘉教會的使者說：「你說：我是富足，已經發了財，一樣都不缺，卻不知道你是困苦、可憐、貧窮、瞎眼、赤身的。」如果一個人說你壞話，你大發脾氣，但氣完了仍然沒解決問題。因為生氣只是滿足了當下情緒宣洩，你需要有人聆聽，結果卻因為一直憤怒抱怨，更沒有人願意親近你。人們容易陷入自以為是，只重視短暫的、當下的滿足，而忽略去追求真實的需要，最後連得救的機會都沒有，因為不覺得自己需要被拯救。

很多人讚美 The Hope，說我們的教會很快建立起來，人數急速增加，說我是多麼聰明成功的領袖，這些話語讓我反思並警醒：**我們追求的是不是正確的目標？我有沒有帶領大家走錯方向？我是否曾經被無意義的漂亮事物所迷惑？**那一幕「湖邊的美景」帶來啟發，神在提醒我要建立的不是成功的教會，不能一味地追求漂亮的數字，而應該建立美麗的

教會。不能忘記最重要的是有沒有幫助到人，有沒有真誠待人、愛人。千萬別只顧著追求建造更高大的巴別塔，因為用心經營美麗的伊甸園，才是人生真正的方向。

踏上自我探索之旅

找自己聊聊的練習題

▼ 「我們追求的是不是正確的目標？我有沒有帶領大家走錯方向？我是否曾經被無意義的漂亮事物所迷惑？」這是作者對自我的反思，你願意也對自己人生方向做一個整理嗎？

13

美好的
三部曲

藉著反覆的思考、調整、修正,
確定值得付出犧牲去追求,
人生下半場才能走得更堅定。

上半場與下半場

在人生前半段歲月裡，大家幾乎都把焦點放在念書考試，個性與想法還不成熟，對於未來更是懵懵懂懂。二十幾歲成為社會新鮮人，可能個人的選擇開始有些不同了：有的人一心想著跟情人結婚，共組家庭；有的人不斷在愛情裡流浪，找尋生命中那個對的人；也有的單身主義者滿腦子打算賺錢、拚事業……儘管如此，畢竟仍然在摸索探測中，也不至於有很明顯的差別。

到了四十幾歲，人生的中場變得格外不同，許多人的生活狀態也經歷了巨大的轉變。有的人本來前途無量，如今卻失業潦倒；有的人婚姻曾經幸福美滿，現在卻已支離破碎；而有的人當初平平凡凡，沒想到現在反而志得意滿！這些案例都在我們周圍活生生地上演，而不只是電視電影裡的虛構劇情。

這就是為什麼會有所謂的中年危機——回顧人生上半場，大概很多人會忍不住懷疑當初的選擇是不是錯了，接著該怎麼繼續人生下半場？如果幸運的話，會發現原先重視的東西並不值得追求，於是改變方向，朝正確的目標走，化危機為轉機。不幸運的話，似乎怎樣都找不到想要的，卻又不想要忍受目前的樣子，厭世地過一天算一天。

時時審視自己的目標

　　二十幾歲剛開始當牧師時,曾經嚮往那種面對幾千人(在國外甚至有上萬人)的特會場面,台下群眾專注聆聽我說話、為我鼓掌,在年輕的我的心裡,那是多麼厲害、多麼了不起啊!隨著 The Hope 人數越來越多,後來我也做到了,看著教會滿滿的人潮,越來越理解自己以後,現在中年的我卻明白這並不是我所追求的。當然,有這麼多人在台下聽我講道是很開心,但最令我興奮的,不是獨自站在台上的喜悅,而是團隊一起互相合作、腦力激盪的過程,那種共同經歷的回憶與感動,更令我嚮往。所以每次有人請我去國外講道,我不會先問他們要付我多少講員費?預計有多少會眾參與?而是問是否可以讓我帶團隊去,我想要跟服事夥伴們一起經歷分享福音的快樂。

　　在人生中各個時期的追求目標,通常不會是一樣的。想想看二十歲時著迷的偶像,到四十歲時仍然如天上的星星那般讓你崇拜嗎?可能他們的光環早已殞落了,又或者你早就無感了。對於人生也是這樣,**我們應該時時審視自己追求的目標,不能渾渾噩噩地虛度,沒有人願意走在錯誤的道路上,最後留下遺憾。**

模仿帶來比較

前幾篇提過我們要追求「美麗」,而不是「漂亮」。外在的漂亮可以被模仿,內在的美麗無法被複製。你可以穿上喜愛的明星同款禮服、化上相似的妝容,但那位明星舉手投足間的自信與氣質,卻不是模仿就能學來的。一個沒有內涵的人,就算外表再光鮮亮麗,也無法展現真正的紳士或淑女風範。「美好」是從內到外散發出魅力吸引人,不只是一副漂亮的空殼,一接觸就幻滅。所謂複製,其實就是一種盲目跟風。像每次 iPhone 推出新機,最熱銷的顏色總是發表時主打的那款。在這充滿誘惑的花花世界裡,為了緊跟潮流、想要跟別人一樣、彰顯身分地位,我們常常以為某些東西「非擁有不可」,但實際上,只是在一味地模仿罷了。

法國哲學大師勒內・吉拉爾曾在書中提出欲望的模仿理論:「人類無法單獨依靠自我意志去渴望任何東西,想要的都是出自模仿別人的欲望。」如果真如他所說,我們的欲望只是模仿別人,難怪無法快樂,永不滿足。

「模仿」又常常伴隨著「比較」,「比較」會引來很多負面情感。為什麼人通常會討厭跟自己類似?因為類似的人嚮往的東西通常也很相似。而完全不相干的人,不會被放在一起比較。如同一個人說某人很驕傲,看了就很討厭,可能他也是個驕傲的人。宗教也是如此,當年猶太教分成三種主

要思想流派，耶穌最常斥責法利賽人，法利賽人也最愛挑耶穌的毛病，但其實耶穌跟法利賽人的神學觀點最接近。

問自己三個問題

那麼，我們該如何確定自己追求的事物，是值得用一生去努力追求？還是表面的虛華？是否只是在重複「複製貼上」，而陷進無止境的比較中？又該如何提醒自己，避免掉入中年危機的陷阱，感到迷茫與空虛呢？不妨按下暫停鍵，問問自己的內心，以下三個問題：

第一個問題**「我的夢想與欲望是我真正想要的，還是看到別人有、別人說好的，而選擇跟隨？」**如果一生都被人牽著鼻子走，沒有任何決定出於自由意志，那不是被現實所迫，而是從來沒意識到，你根本沒有好好認識自己。

第二個問題**「我想要的是比別人更好，還是使自己更進步？」**跟別人競爭是一條不歸路，一心求勝，甚至不擇手段，最後卻會變成完完全全的輸家。

第三個問題**「當我們追求到這個目標時，微笑只出現在我一個人的臉上，還是能讓周圍的人也展露出笑容？」**追求真正的美好是有影響力的，可以與親人、朋友、鄰居、甚至陌生人共享，而不只是獨享。

美麗人生三步驟

當然除了這三個問題,可能還會產生更多不同的困惑,面臨更多轉捩點的抉擇,這是必經的過程。**藉著反覆的思考、調整、修正,確定值得付出犧牲去追求,人生下半場才能走得更堅定。**如果你想過一個美麗的人生,學會採取以下三個步驟:以真實為出發點,慢慢成聖,以愛為目標。

一、Truth(真實):美好的人生不會背叛真實。誠實面對自己,認識自己的核心價值是很重要的。不要建構虛假的形象,不要活在謊言裡,任何情況都不能違反自己的原則。如果實際的生活和嘴上掛著的理論不同,整個生命遲早垮掉。

二、Holy(成聖):美好的人生不會准許一成不變。一個人信主得救之後,不是等著上天堂就好了,而是在有生之年讓自己成長。心靈要有所改變,向美好的人事物看齊,而非停留在目前的狀態。「成聖」就是要反映出神的樣子,往神的方向成長,克服生命中的陰暗恐懼,這是基督徒的人生目標。有句話說:「神愛你現在的樣子,但因為祂很愛你,不會讓你就停在原來的樣子。」就像父母愛小孩,接納他們原本的個性或優缺點,卻不會放任他們;孩子不願獨立、擺爛躺平,絕不是父母希望的。

三、Love(愛):美好的人生不會只愛自己。當然我

們要愛自己，但不能只愛自己，不顧他人。沒有人可以什麼都不愛，愛的層次有高低，有些人把愛指向「物質」，連照顧自己的身心靈都全部忽略，為了追求金錢名利，最終連自己是誰都忘記了，那是最低下可悲的。有些人把愛指向「自己」，努力擁有嚮往的一切，和其他人劃清界線，獨守狹隘的孤島，不願付出，不會愛人也不會被人愛。最多數人的愛指向「自己和周圍的親友」，人類是群居的，因為相愛互助才能使世界運轉。然而最高層次是將愛指向「神」，神就是愛，當你的愛對向祂，才會經歷到祂成為你愛的源頭。各種層次的愛都難免消滅殆盡，畢竟是從自我為出發點；唯有愛這位神，祂成為你的源頭，當你經歷祂的愛，才能夠成為你持續愛人的力量，經歷美好的人生。

踏上自我探索之旅

找自己聊聊的練習題

▌問自己三個問題,寫下你的答案。

第一個問題:我的夢想和欲望是我真正想要的嗎?

第二個問題:我想要的是比別人更好,還是使自己更進步?

第三個問題:當我們追求到目標,能讓周圍的人也展露出笑容嗎?

Chapter 5

[意義 Meaning]

勇氣、犧牲、責任
會擴大我們的世界，
讓人生更有意義。

14

把恐懼轉換為興奮

在已知和未知的世界中間有一條線——恐懼,
要去未知世界尋找寶藏,
想追求生命的意義,
就必須跨越這條線。

已知到未知的歷程

　　曾經讀過一本很有趣的書《千面英雄》，內容是神話故事的英雄旅程，探討英雄如何尋找生命意義。作者喬瑟夫・坎伯是美國的神話學家，這本書堪稱西方流行文化及好萊塢編劇的參考書，而我講故事的方式也深受其影響。所以一提到人生的意義，我就會聯想到坎伯曾說：「你害怕進去的山洞，埋著你正在尋找的寶藏。」（The cave you fear to enter holds the treasure you seek.）

　　人類有各種情緒：快樂、憂傷、喜愛、怨恨⋯⋯通常要慢慢醞釀累積才會採取行動，而恐懼卻是會讓人立刻逃跑或戰鬥，絕對要趕緊下決定，以免遭受巨大災難。因此選舉時最煽動人心的就是恐嚇，這種讓選民害怕的因素很容易左右人心。而人們會感嘆活著很沒有意義的原因，往往是被恐懼挾持限制，不敢奮戰，結果一無所獲，於是會覺得白活了！

　　每個人對「世界」的認知，是從小到大累積的經歷，包含看見的、聽見的、觀察到的，以及師長教導的。關於「成長」，必須透過從已知走進未知這段歷程。未知的範圍非常廣大，雖然人類全活在同一個地球上，但從未親身經歷過的、不了解的事物和環境，對我們來說都如同另一個「世界」。

跨越那條線

　　以前的人類在陸地上過得豐衣足食，為什麼會有勇氣建造船隻航海？他們無法得知多久才會遇到另一片土地，無法預測會不會中途被暴風雨吞噬，即使發現新大陸，也不知道那裡有沒有其他未知的危險。然而正是這種探索未知世界的渴望，造就了大航海時代，也讓英文和西班牙文成為當今全球最廣為使用的語言。在那個時代，講這些語言的人曾深入全世界各地，去傳揚他們的文化。他們一開始也不是為了擴張領土、統治別的民族，他們原先根本不知道有什麼在等著被發掘，他們只是不甘願守在已知世界，一心想探索未知世界。

　　相信再偉大的航海家出發前還是會戰戰兢兢，只因尋找寶藏的動機，使他們克服了恐懼。人生也是如此，在已知和未知的世界中間有一條線——**恐懼**，要去未知世界尋找寶藏，想追求生命的意義，就必須跨越這條線。第一次學習騎腳踏車、第一次搭飛機、第一次去不熟悉的國家、第一次和不同背景的朋友深入對話⋯⋯這些第一次都使我們成長，前提是要不斷去克服恐懼畫下的線。

負面想法拒絕挑戰

當我們**跨越恐懼**，就是不斷在擴張原本狹小的世界，並**不斷重新定義自我**。相反的，被恐懼控制住，我們的世界就會越縮越小，最後失去了活著的意義。媽媽以前常說：「男人如果目光短淺，為一些小事情斤斤計較，注定沒出息，身為男子漢，你的世界一定要夠大！」我從小敏感內向，怕落單，怕不被接納，只想躲在家裡被保護，所以媽媽會提醒我要常去參加夏令營、當童子軍之類的活動，盡量多往外闖，不要把自己的世界限縮在幽暗的房間裡。當下我腦中浮現一大堆疑問：住在外面會不會沒有冷氣？野外紮營有蛇怎麼辦？我能不能認識到新朋友？他們會不會討厭我？這些**負面想法讓我拒絕跨向未知，不敢克服恐懼，不願去了解外面的世界**。

即便如此，媽媽提醒我的話，我卻一直放在心裡。我認為**好的話語像是撒種**，小時候的我雖然固執又無法接受，但等待時機成熟、種子長成果實時，這些話語都成為我成長壯大的養分。不論是父母的話、聖經的教導、經典名著等等，這些都存在腦海中的檔案夾，隨著一路走來的歷程，我不斷檢討、反思，從中記取教訓，並發掘許多深刻意義。就像這本書分享的很多內容，絕不是在山上靈修突然蹦出來的，而是日積月累埋藏的想法。

不是害怕而是興奮

念完神學院決定回台灣發展時,其實對於未來感到一片茫然。雖然在台灣出生,可是整個成長過程都在國外,所以不曾辦過事,什麼戶政事務所、開銀行帳號,甚至找工作、租屋之類,都得從零開始學。以前放假回台灣只顧吃喝玩樂,畢業了一切要靠自己,爸媽早就說過小孩不當學生不再念書的時候,就要獨立謀生,父母不會再提供任何生活費,所以我充滿壓力地踏上回台灣的旅程。

記得要回台的那個凌晨,天還沒全亮就醒了,整晚想東想西,睡得很不安穩。那時早已經把所有手續辦好,銀行的帳戶關掉,可以賣的送的家具物品清光光,只剩下身邊兩個皮箱,準備去搭飛機。我不知道未來要幹什麼,從神學院才畢業一個禮拜,就放下加拿大的生活,前往相對陌生的台灣。原本是學生身分、受爸媽照顧的兒子,轉變為進入社會、靠自己謀生的階段,生活起了極巨大的變化,讓我無法不恐懼憂慮,於是跪地禱告,跟神訴說我的心情。

說著說著,內在的害怕雖然未離開,卻同時有另一股興奮的感覺升起。興奮和恐懼在某種程度很難區隔,生理上的反應幾乎一樣,都是心跳加快、微微顫抖並讓人專注。正如運動選手要能發揮好表現,必須把恐懼化為興奮。於是我告訴自己現在不是害怕,而是興奮地迎接之後的發展,真的是

「既期待又害怕受傷害」!

  當我走出門,拿起兩個沉重的行李箱,心情終於輕鬆了,因為我決定從已知世界踏入未知世界,決定跨出並**不斷把那條恐懼的線往外移,不讓它限制我的探索範圍**。我要跳離舒適圈,開拓廣大的世界,使生命更有意義。

| 踏上自我探索之旅 | **找自己聊聊的練習題** |

▌ 想一想過去你曾面臨過的恐懼？你如何克服這些恐懼？

▌ 現在你最害怕的事是什麼？為什麼？

◤ 面對未知的決定，你最想找的第一個討論對象是誰？為什麼？

◤ 你是否幫助別人克服恐懼？你如何幫助？

15

安全不該
擺在第一

主打安全牌豈不是等於玩一個不可能贏的遊戲？
人生也是這樣，不該只求溫飽與安全，
而要尋找愛與連結，
學習新鮮事物，
追求成長與挑戰，
找到「意義」才是第一順位。

除了「安全」以外

人生到底需求什麼？什麼是有意義的人生？這是大家常常討論的問題。以提出「需求層次理論」而聞名的美國心理學家馬斯洛，把人的需求用金字塔劃分成「生理」、「安全」、「歸屬感和愛」、「社會需求」或「尊重」、「自我實現」和「超越」。意思是要滿足了最底層，才會追求上一層，也就是如果吃不飽就不會想到安全，不安全就不會需要歸屬⋯⋯照這樣推論，難道經濟拮据的人整天只顧著吃喝拉撒，不可能有夢想，不會試著過得更有意義嗎？很多層面的需求應該是同步的，而不是那麼絕對從低至高的移動模式。

那麼，安全第一應該是真理？或許在以前的年代出門可能很容易出意外，嬰兒猝死率很高，現今一切相對安全太多了，為什麼反而更多人罹患憂鬱症？如果人類只重視安全，就不會有人開車、搭飛機、航海、上太空，也不會想結婚、認識朋友，甚至不會學習新知識、發明新科技──這些事都不是以安全為前提，相反的，常常是帶來災難；但為了學習，為了進步，為了讓人類更密切連結，大家必須承擔風險，所以安全是「考量因素」，並不適合當「做決定的標準」。

人生第一順位

前幾年新冠肺炎剛開始在全球肆虐時，台灣起初相對於其他國家算是很安全的地方，但我忍不住覺得是假象，很怕大家會因此鬆懈。畢竟任何安全圈最終會破裂，不能天真地認為它永遠是銅牆鐵壁，既然遲早要破，不如早點比較好，持續太久的太平狀態，一旦撕出一個裂痕，民眾可能會慌亂到不知所措。

回想一下，當時的社會風氣不是教大家怎麼面對疾病，而是盡其所能防堵。媒體宣導哪些場合不要去，最好關在家中，上班改成遠距，天天期望新聞報導「加零」……簡單講，有點太過於完美主義，我不認為那是好策略，假裝台灣不會爆發新冠感染潮，並無法使我們更強壯。所以我和員工們說：「如果你很怕得新冠肺炎，教會不是個最好的工作地方，這個場所一堆陌生的人在此連結，一定會群聚又很難追蹤。如果你覺得安全第一，或許該好好思考要不要繼續在教會工作。」

這並非玩笑話，相信有很多人真的怕到不敢出門。當然，絕對不是不必顧慮安全，然而安全真的要擺在第一位嗎？我認為可能是第二、第三，不會是第一，第一位應該是**「意義」。人可以活下去，不是因為安全，而是在創造有意義的生命。**一個人感到厭世，不是因為被追殺，而是生無可

戀。那些絕望的日子，都不是因為怕出門被車撞，而是找不到繼續努力的目標，沒有夢想的圖像，失去期盼的未來。

　　教會存在就是幫大家尋找意義，所以 The Hope 最主要強調來教會可以找到意義，跟神連結，找到歸屬感，跟人產生情感交流。如果當初我們只是一味強調「安全」的訊息，大概沒有人會真正接受。各種消毒和防護措施，我們當然要盡力完善，這是應該做到的基本責任，但它絕不是我們唯一需要關注的重點。主打安全牌豈不是等於玩一個不可能贏的遊戲？人生也是這樣，不該只求溫飽與安全，而要**尋找愛與連結，學習新鮮事物，追求成長與挑戰，找到「意義」才是第一順位。**

如何活出新生命

　　我有時故意把兒子整個身體倒反過來舉高高的，或抱著他假裝在天空飛翔，老婆看到總會叮嚀我小心點，怕把兒子弄傷。通常媽媽是保護者，讓小孩有安全感，而爸爸會推小孩去冒險。可能很多小孩總黏著媽媽，太常被全面呵護，太少被挑戰，自然而然成了媽寶。從父母、學校到社會的教育很明顯地產生影響，我們是要保護下一代？還是為下一代預備？有多少成年人明明早該去闖出自己的路，卻仍躲在父母的羽翼下？保護是基本的，然而停留在保護，無法培育出真

正獨立的孩子。

我們不是動物，如果是動物，只要吃飽、不被獵殺就好了。希臘文中 bios 的意思是人的生命，或者可以說是生存。然而另外一個詞，是 zoe，指的是神的生命。人是按照神的形象被創造出來，神把氣息吹到亞當鼻孔中，亞當睜開雙眼，看到世間每一件事物都是新體驗，神帶領著他去一一了解。所以人生不只是 bios，而要活出 zoe。

為什麼嬰孩眼睛一睜開就哭？因為九個月在媽媽的肚子中安安穩穩漂浮著，出生那一刻從未看過與聽過的世界讓他恐懼，同時他也對周遭所有充滿好奇，急著要伸出手腳去觸摸、去學習，生命旅程就應該一直保持孩童的精神。最悲哀的是有些人三、四十歲就停止當孩童，不再探索，沒有追尋目標。變老其實不是年齡增加，而是停止成長，被恐懼限制，一心只求滿足最低需求，忘記去實現真正重要的部分，這樣無意義的生命，儘管到八、九十歲眼睛才閉起來，其實早已死去了。

踏上自我探索之旅

找自己聊聊的練習題

▌你對於「安全」的定義？

▌你曾經因為想要追求一些目標，但限制太多而放棄？那些限制是什麼？

▌什麼狀況使你發現自己停止成長？

16

打倒巨人的
勇氣

有意義的人生就是要超越別人的預期,
生命中最有意義的獎賞就是要打倒巨人才會得著,
不要讓巨人成為你放棄的藉口。

不讓恐懼控制

前幾天，兒子要離開保母家，開始上幼稚園了。從天天黏著爸媽，到自己去保母家，再從只有幾個小朋友的保母家，變成很多老師同學的幼稚園，每個階段小孩都需要適應期。有時候，他鬧著不想去上學，我總會抱著他並重複說三個字：不要怕！

當一個人產生恐懼時，旁人多半也只能說不要怕，事實上並沒有什麼作用。那麼為什麼聖經也是如此安慰我們呢？神跟我們說不要怕，不是要人不能有這種感覺，而是要我們**不被害怕所控制，不要因此阻止我們去做有意義的事情。**譬如說消防員不是不怕火，如果他們不知道火的危險殺傷力，不知道火產生的濃煙會嗆死人，就沒有能力救火；可以擔任消防員，不是因為不怕火，而是不會讓對火的恐懼來決定他的行為，不會因為怕就不往火裡去拯救生命。

因此當兒子又哭著說不要去幼稚園時，我想到或許有更好的方式幫助他。不只說不要怕，而是試著讓他想想去幼稚園的新鮮事，找到吸引他的焦點，教他把玩具給同伴玩可以交到新朋友，這招果然讓兒子越來越喜歡上學了。

大衛打倒巨人歌利亞

人一出生，不需要教導就會害怕，怕被拋棄、怕跌倒、怕黑、怕巨大聲響……這是與生俱來的本能，能夠去面對，並非失去害怕的感覺，而是**多出了勇氣**。聖經中提到勇氣最有名的就是大衛的故事，米開朗基羅也以他堅毅的表情做出舉世聞名的雕塑。而且不管有沒有讀過聖經、是不是基督徒，只要一提到大衛就會想到他勇敢地打倒巨人歌利亞。

在聖經中《撒母耳記上》第 17 章描寫：當時非利士人前來攻擊以色列，兩方在戰場上叫囂，有個名叫歌利亞的軍人身高三米，性情凶猛，讓以色列士兵們望而生畏。每天早上歌利亞都向以色列人叫戰，沒有人敢跟他決鬥。大衛是個年輕的牧童，他的哥哥是以色列軍營的士兵。有一天，大衛為哥哥們送餐，聽到歌利亞在叫戰，他居然告訴掃羅王，自己要去和歌利亞決鬥。結果大衛單槍匹馬地帶著五顆石子去迎戰，並一擊把巨人打死。

當天所有以色列的士兵都排排站著，因為他們是軍人，有責任要站上戰場，卻沒有人敢接受歌利亞的挑戰。軍人只要盡分內的職責，沒有人必須超越本分，連君王都沒強迫或責備他們。「打死巨人」不是在軍人的責任範圍內，那是一項不可能的任務！所以當大衛主動要求去迎戰歌利亞時，所有士兵覺得這個外來的小子瘋了，沒打過仗才敢這樣魯莽，

根本搞不清楚狀況。但在大衛的心中，他只是不受限制，不會看到巨人就覺得自己必定輸了；這個外來的牧童超越了一般人的想像，以非凡的勇氣去迎戰巨人。

在所有以色列士兵眼中的巨人和大衛眼中是一樣的高大，大衛卻從不一樣的角度去看待。他想到曾經在看顧羊群時殺了獅子和熊，神當時保護了他，因此深信神這次也會保護他。這就是英雄，有不同於一般人的覺悟，不被一般人的疑慮阻擋，自然會突破一般人的作為。大衛打倒歌利亞的故事常被引用，巨人象徵的不只是普通的挫敗或阻礙，而是生命中最可怕、難以承受的大挑戰。

戰勝巨人改變命運

小時候曾聽爸爸說他要挖水溝賺學費，因為以難民身分來台灣，全家過著極度窮苦艱困的日子。後來他考上建中，當醫生，那就是他選擇要擊殺的巨人。他不會因為條件差就放棄學習，他戰勝了巨人，改變了命運。**「勇氣」就是當你面對大挑戰時不會選擇舉白旗投降，不會立刻嚇得逃跑，而是帶著決心正面迎擊。**

有意義的人生就是要**超越別人的預期**，生命中最有意義的獎賞就是要打倒巨人才會得著，不要讓巨人成為你放棄的藉口。傳奇人物不只是不逃避，他們總是主動去尋找巨人，

就像大衛跑向歌利亞，他是興奮地想著：「我的時刻到了！終於有巨人讓我可以大展身手了！」

當然大衛並非不害怕或不擔心失敗，他帶了五顆石頭就是準備第一次不成功，再試第二次、第三次，直到把巨人打倒。他不會認為這是簡單的，重要的是他不會因此退卻。旁人看成功者覺得他們好幸運，怎麼每次都很容易地解決問題？可是如果去問本人，他們絕對不會說自己只是走運，而是付出了別人不願付出的代價，去尋找超越一般人想像的目標。而運氣是跟隨著願意迎擊巨人的成功者，所以大衛會說：「我一生一世必有恩惠慈愛隨著我。」

人生巨大的獎賞都是保留給擊殺巨人的英雄，掃羅王承諾大衛得勝後可以終身免繳稅，並把女兒嫁給他，然而衣食無虞並躋身貴族並不是他的最大收穫。那天當歌利亞倒地時，大衛可以在內心告訴自己：「我是一個可以擊倒巨人的人！」這才是他挖掘到的最大寶藏。

如果第一次放棄了、退縮了，下一次就更容易選擇不戰而降。努力去嘗試了一次，儘管可能挫敗沮喪，然而下一次更敢於接受挑戰。這種反應類似骨牌效應，因為當你直面迎擊，心裡的聲音會引發鼓舞的作用；反之你逃了，心裡也會不斷唱衰自己。隨著慢慢累積越多的勇氣，對自己的認識也愈加深刻，如果你也能像大衛那樣相信自己可以擊倒巨人，接下來還有什麼事能讓你退縮呢？

面對生命中不同的「巨人」

高中時參加過美式橄欖球隊，我的體格和性情都很適合這種運動，一直都表現得不錯。後來訓練越來越加重，漸漸覺得吃不消，我就退出球隊了。這個決定直到今天都讓我很懊悔，每次看比賽時，知道自己再也不可能上場了。如果當時堅持下去，應該會有很多美好的回憶，即使不當運動員，也是極為珍貴的獎賞。

因此，現在的我遇到生命的巨人時不想迴避，不願未來留下遺憾。建立教會後，常思索要怎麼做一位好領袖？怎麼讓教會健康地成長？我是個性急的人，很有衝勁，目標明確，但也深知處理某些狀況必須緩下來，**學習不能只顧朝著目標猛衝，而是帶著周圍的人一起成長。**

有人曾對我說：「你已經是一位好領袖，不過如果有些事你學習並去克服，你有機會成為數一數二的領袖。」那時我心裡想著：Yes，這就是我的巨人！我期許自己不只是個有成果的領袖，我不要只追求 OK 就好，而是要追求做更好，並把神所有放進我身上的優勢發揮到極致，連弱點都要彌補。當然，我同時充滿了恐懼：會不會無法強化弱項，強項也跟著失去了？會不會適得其反，讓原本達成的成果化為烏有？萬一員工們誤會我的想法，而變得懶散消極怎麼辦？當放慢腳步時，我還能不能帶著大家去到神指引的地方？

The Hope 因為我的特質和積極走到這一步,但不能永遠只依照我一人的想法作風,那可能無法走到下一步。所以儘管帶著疑惑與擔憂,仍要**學習放手**,創造出讓整個團隊能繼續往前的教會,**跟所有人一起成長**,而不是只求自己的突出。一群人必定會超越一個人所能做的,耶穌訓練十二個使徒,並說:「你們會做的比我更大。」他知道這群人會把福音傳播到更遠的地方,建造一個至今維繫兩千多年仍存在的信仰。

　　每個人的生命裡都有不同的巨人,不敢迎戰不是過錯,而鼓起勇氣去挑戰,凡人也可以變身為英雄!大衛去打歌利亞之前,他知道自己是個「殺獅子、殺熊的人」;得勝離開時,他知道自己是個「殺巨人的人」。**我們怎麼認識自己,比世界告訴我們是誰更重要!**當我們認識自己是個「殺巨人的人」,我們會放膽地面對生命中每個挑戰!

踏上自我探索之旅

找自己聊聊的練習題

◤ 說一說你曾經挑戰成功的事項？還記得當時的心情嗎？

◤ 你最近有為自己創造新的「挑戰」？為什麼想要接受挑戰？

17

犧牲 VS 投資

一生要做的決定太多了,
其中最困難的是:
「你是否願意讓『未來』可能成為的你,
不斷成長、承受痛苦,
戰勝『今天』的你?」

今天的你與未來的你

每個人在母腹成形時就有了價值，不會因為長得好看與否、聰明與否，而增加或減損本身的價值，每一個被神所創造的生命，都是獨一無二，都有相同的價值。

生命雖然有著等同的價值，但未必都能創造出相等的意義。是否能活出真正的意義，關鍵在於我們所做的選擇與決定。例如一百萬美金的價值，和一百萬美金的意義，也可以是天差地遠。如果擁有一百萬美金的使用者，只拿來換取毒品、酗酒，或賭博花光，當然浪費了一百萬的價值，也毫無意義可言；如果用來帶家人旅行、學習成長、幫助弱勢有需要的人，也可能創造超過一百萬的價值。

人生也是這樣，**從充滿無限的價值開始，卻在成長過程中，因為個人的抉擇改變了意義。**一生要做的決定太多了，其中最困難的是：「你是否願意讓『未來』可能成為的你，不斷成長、承受痛苦，戰勝『今天』的你？」

現在的你可能活成未來的某種樣子，或許會成為人人羨慕的勝利者，或是企業家、藝術家……當你還只是個青少年時，常常夢想這一天到來。有時候我會想到一個場景：如果我有一天離開這個世界，來到告別式的人，會如何分享我對他們的影響……我希望能成為一個讓大家懷念、幫助人的萬力豪，如果想要實現那個萬力豪，我的很多決定不能只滿足

「現今的我」,也就是「現今的我」必須和「未來的我」對戰。

想想塑造的過程

每次做出這樣的選擇,讓未來的我勝過今天的我,就是「犧牲」。犧牲現在所擁有的或想要的,才會讓未來更美好、收穫更多。

聖經要傳達一個很重要的觀念,人生要犧牲短暫擁有的虛榮、享受、渴望,讓你能夠獲得不會消逝、褪色、朽壞的永恆價值。

奧運選手在典禮上舉起金牌是獎賞,能走上台的過程是犧牲。「飛魚」麥可・費爾普斯擁有二十八枚奧運獎牌,是史上獲得最多奧運獎牌的運動員,他的訓練可想而知有多麼嚴苛,簡直時時刻刻在水中拚命,一天要吃一萬卡路里,因為消耗過多熱量,必須儲存大量養分。一般人雖然不是奧運選手,連一面金牌都拿不到,但總會希望在某些事上達成讓自己引以為傲的成就,像是一頂冠冕,讓生命有了意義,不會成為一場空。

不管是運動員、影視名人或任何人獲得榮耀上台領獎時,常常會激動落淚,他們或許想到過去的努力與辛酸,或許想到曾受到許多人的幫助,那是很多的「犧牲」才讓他們

站上舞台。如果只把感情重點放在「最後的成果」，總在數算著自己的名利地位，或看不起沒有成就的人，只想讓那頂冠冕定義你的一切，就會成為驕傲的人。

最值得慶祝的是「**塑造的過程**」才是對的思維，也不會失去初心。如同The Hope 最近的五週年紀念日，我們對外展示了五年所經歷的故事，一起努力的回憶片段，這些都讓人深受感動；但如果我們只是在台上宣布，教會現在規模有多大、又有多少人加入等等……是不是就會失去紀念日的意義？

「對」的犧牲就是「好」的投資

當我成為「爸爸」這個角色後，似乎更容易想很多。尤其想到兒子有一天長大結婚、牽著新娘向我走過來時，我一定會哭個不停（雖然他現在才剛上幼稚園）！我會回想起什麼呢？應該是我不斷教他怎麼當一個好人、怎麼做一名稱職的員工，怎樣成為好丈夫、成為好爸爸，怎樣去面對生命中的挑戰……而他終於成為一個願意承擔家庭的人，身為父親的我，將會因為他的成長引以為傲。我的情緒不是因為婚禮中的美麗畫面，是在腦中不斷重播我們為彼此犧牲的過程，那些犧牲的淚水、付出的代價，將使人激動萬分。

可能「**犧牲**」對很多人來說是負面的，感覺是被拿走

屬於自己的東西，讓人捨不得。對的犧牲，其實是一種「投資」。就像每個月把百分之十的收入拿去理財，當下好像是犧牲，也不能隨興花錢，但謹慎穩定投資可以儲備財富，讓未來有更好的運用，這就是所謂的「投資」。以婚姻關係為例，我和老婆吵架，即便當下還有很多情緒，但如果選擇放下情緒先說對不起，並且保持謙卑、耐心溝通，這樣的「犧牲」，讓我們可以繼續經營一個家，可以走一輩子，也是所謂的「投資」。

耶穌上十字架犧牲，也是「投資」，或是「撒種」，未來將會有更多收成，就像一粒麥子死了，會結出更多粒。耶穌的犧牲是為了讓人們得到救贖，這樣的「犧牲」絕對不是負面的。

完成有意義的人生

有時人會想耍點小聰明，想要付出少一點，獲得多一點。譬如在團隊裡想要不吃虧，推掉麻煩的工作，有好處跑第一。這樣的人跟團體不會有長久的連結。當然也不是要你無限犧牲，一直被人占便宜。要為共同的目標，奉獻出自己的能力，才能一起走到目的地。沒有人能不斷領獎賞，卻不做出任何犧牲。那些值得犧牲的就要好好給出去，而且要給出最好的！聖經中講到 sacrifice 就是獻祭，將該獻給神的帶

到祂面前，必須全然完整，不能殘缺不全，更不能敷衍了事，這樣的奉獻才會是神所悅納的。

如同聖經中該隱和亞伯這對兄弟的故事，亞伯牧羊，該隱種地。兩人來到神面前獻祭，該隱拿的是一些隨手摘取的農作物，亞伯帶的卻是頭生最肥美的羊。所以神只接受了亞伯的，不接受該隱的。該隱很生氣，神問他：「為什麼你要生氣？」該隱心裡應該也想問：「神為什麼不接受？」

在該付上代價，或該獻祭的時候，卻推託和敷衍，生命只會變得越來越糟糕，也會充滿怒氣。為什麼成功者不會憤怒，因為他們一步一腳印，知道在哪些過程需要犧牲；而**想要不勞而獲的人，最終卻落得一無所有**，還抱怨為什麼會得到這樣的結果，忘記了自己總是先選擇滿足當下而已。

該隱就是這樣，他即使獻祭也不是出於心甘情願，所以神對該隱說：「你為什麼發怒呢？你為什麼變了臉色呢？你若行得好，豈不蒙悅納？」神引導他制伏自己被罪行戀慕的心，該隱完全聽不進去，後來他果然犯了罪，殺死亞伯。

人生很有趣，失敗的人往往無法真正弄清楚失敗的原因。該隱就是這樣的一個人。他對上帝生氣，對世界生氣，對自己的失敗感到憤怒，因為他**始終無法明白為什麼自己失敗**。然而，在人生中，那些贏的人總是知道他們會勝出的原因。他們能具體地說出他們付出一切的犧牲，那些他們毫不吝嗇的犧牲。有意義的人生是透過一次次的犧牲才能建造起

來,**為了完成心中有意義的人生,你現在做了什麼犧牲?**將來有一天,當你實現了夢想的圖像,歡喜地收割成果,那些就不算「犧牲」,而是最好的「投資」。

> 踏上自我
> 探索之旅

找自己聊聊的練習題

▼ 讀完本篇,作者說的「犧牲與投資」的觀點有改變你嗎?

▼ 你曾經是該隱嗎?

18

怪罪 VS 負責

要選擇繼續怨天尤人,
把自己當成不公平世界的受害者?或是扛起責任,
成為有力量的人?
如果我們只會抱怨,那永遠無法長大,
因為真正的長大,是學會扛起責任,
蛻變為成熟的人。

世界本來就不公平。無論是外貌、智商還是出身背景，人生而就帶著各種不平等的條件。有些人天生英俊美麗，有些人則相貌平平；有些人怎麼吃都保持苗條，有些人卻連喝水都會胖；壞運往往落在好人身上，而壞人卻可能好運連連；甚至敬愛神的人可能生活困苦，而不愛神的人卻一路順遂……這樣的例子比比皆是，無法否認，這正是我們身處的現實。

聖經中也從來沒說過世界是公平的，神說祂是「**公義**」的，「公義」是指神的審判不會因為哪個人比較有錢有勢或才華出眾而有雙標。因此，看到好萊塢帥哥明星布萊德‧彼特的時候，心中浮現出「世界真的太不公平了」這個念頭也沒關係，不用欺騙自己，畢竟比起許多的人生勝利組，我們的確差太遠了。

找出你的責任，而不是怨天尤人

與其責怪神沒有讓我們生來比別人更傑出，也沒讓我們出生在有錢家庭；或是責怪父母沒有賦予我們特別的聰明才智與美貌，也沒有用心栽培，導致我們錯失了許多機會，不如去做自己有能力做的事。就算布萊德‧彼特比我帥，我也不必照著鏡子嫌自己醜！雖然我無法像猛男那樣練出八塊腹肌，不代表我就要暴飲暴食、糟蹋身體，而是應該要好好管

理健康。

要選擇繼續怨天尤人,把自己當成不公平世界的受害者?或是扛起責任,成為有力量的人?如果我們只會抱怨,那永遠無法長大,因為**真正的長大,是學會扛起責任,蛻變為成熟的人。**一個人不會因為老了,就自然變得成熟。只會因為老了,不成熟所造成的代價倍增。例如:十歲的時候跟同學打架,頂多被老師罵、回家挨爸媽打;而出社會後和同事打架,可能害你失去工作,甚至被告、上新聞。因為成人必須為自己的言行負責,心智要隨著年齡成長,肩上應該承擔更多責任義務,而不能始終像個小孩子胡鬧任性,期待大人出面處理善後。

這道理似乎很簡單,可是當危機發生或闖下大禍時,捫心自問:「我真的會挺身而出?還是趕緊想辦法撇清關係?」小孩子挨罵受罰,會說「因為別人怎樣怎樣」之類的話,已經長大的人如果還動不動就說「因為誰誰誰害的,所以我才會搞砸」,則顯露出心態依舊幼稚、沒擔當。願意負責的人會選擇接下來該怎麼彌補,而不是聽命行事或怪罪別人,**選擇把「責任」放在自己身上,就是加速成長的好時機。**

我平常講道時,也常常會提醒大家:「人是可以選擇的,這是神在創造人類時,給人類的能力。」神絕對希望看到我們愛祂、敬拜祂,但連這件事,神也讓我們自己選擇。

因為神不是創造出一模一樣的機器，而是創造出能思考反省、能做出正確選擇、有靈性的人類。儘管有很多事物無法被我們掌控，但**成熟的人會找出「責任」**。為什麼？因為人生很少給你一扇名為「**機會**」的門，即使我們一直在尋找機會。人生展示給你的，往往是一扇名為「責任」的門。只有當你打開這扇門時，才會發現門的另一側寫著「機會」這個詞。當你回應責任的呼召時，上帝就會為你開啟機會的大門。

神所給予的是責任

在聖經的《馬太福音》中，耶穌分享一個很有趣的比喻：一個主人要出遠門，把家業按著僕人的才幹分派，一個給了五千，一個給了兩千，一個給了一千。領五千和兩千的都努力工作經營，賺到更多財富，那個領一千的卻把銀子埋起來。主人回來了，稱讚那兩個努力賺錢的僕人，讓他們一起享受主人的快樂。而那個領一千的僕人只把銀子埋在地裡，不但一事無成，還批評主人很苛刻。於是，主人責罵他是個又惡又懶的僕人，並懲罰他。

為何主人說這個僕人又惡又懶？因為僕人覺得不公平，他看到另外兩個人擁有的更多，他便不願再付出心力去賺取更多，甚至還怪罪主人、曲解主人的心意。

我常反覆思考耶穌這個比喻的含義，我的解讀是**神所給予的並不是「機會」或「利益」，而是「責任」**。那些拿到五千、兩千的人，是因為他們具備相應的能力，能夠承擔更多、更重的責任；而只拿到一千的人，可能才幹有限，能承擔的也比較少。所以，不應該心生不滿，還為自己的偷懶找藉口。那些實際在做事的人，不會為自己找許多理由，只用成果在替自己說話。

選擇一個有意義的人生

成熟的人會選擇負責任，然而一看到「責任」兩個字，很多人都不願承擔，覺得「責任」等同於「壓力」。萬一發生什麼不好的結果，可能要賠上重大的代價。這就要看個人的選擇了，在一個不公平的世界裡，我們要做哪種人？要當無抗壓力的孩童，還是成長為堅強的大人？要一味怪罪他人，還是承擔起自己能貢獻的部分？沒錯，發生麻煩時，推給別人好像比較容易，可以說從小接受父母錯誤的教育、被老闆剝削、被壞人陷害⋯⋯最可怕的是，你說的全是對的！然後呢？每個環節你都看得清清楚楚，你的一千個理由都正中要害，問題是，根本不該只是專注在別人身上，而是要看自己，去思考接下來需要做對什麼來改變現況。就算你沒有犯任何錯，擺爛卸責絕對於事無補，甚至那些連累你的人也

不可能幫忙收拾殘局。

我們雖然活在同一個世界,卻因每個人不同的選擇,走出截然不同的人生體驗。**一個有意義的人生,是我們帶著勇氣去犧牲,為未來投資,也學會停止抱怨,承擔自己的責任**。唯有如此,我們才能在這不公平的故事中,握住筆,寫下自己想要的結局。

踏上自我探索之旅

找自己聊聊的練習題

▌ 舉出你最常抱怨的人、事、物?並試著說明原因。

▌ 你覺得神給你的責任是什麼?

◤ 試著想想你的抱怨和你的責任兩者之間的關聯。

◤ 列舉你今後希望投資的方向。

Chapter 6

[永恆 Eternity]

想要在永恆留下回響,
今生必須活得深刻。

19

踏進明天不等於
擁有未來

因為懷著夢想,讓人產生動力一直往前,
盼望在未來能實現。
你要的未來,不是發生在明天的日子,
而是今天的行動。

「明天」和「未來」的差別

延續 The Hope 的核心,我們創立了 The Hope College。透過各種課程和活動,引領學員共同學習翻轉生命。學期結束前的最後一堂課叫做**「我所看到的未來」**,開頭我會先問一個問題:「你在青少年時期的夢想是什麼?當時你的腦中未來的圖片是什麼樣子?」學生們開始分享自己以前的夢想,包括工作、婚姻、家庭、財務等等,回憶起遙遠的青春夢想,通常大家都會討論得很熱烈。

十分鐘後我會提出第二個問題:「從那時到現在,你做了什麼事讓當初想像的未來成真?」講到這裡,通常會頓時鴉雀無聲,很少人能清楚回答自己的付出或具體的計畫步驟。

提出這兩個問題是因為想釐清**「明天」**與**「未來」**的差別,我們往往會混淆,以為明天和未來是一樣的,跟當下沒什麼關聯。其實兩者完全不同,「明天」是一定會發生的,即便你什麼都不做,時間依舊不停地流逝,夜晚太陽下山,早晨又升起,開始新的一天,你再怎麼阻止,它都要來到。到了明天,會比今天多活一天;到了明年,會比今年多加一歲。分分秒秒時時刻刻我們都離死亡更接近,明天不會經由你的准許,不會跟你打招呼、問你準備好了沒,它就是會來。

而**「未來」是你預備好，才會來的**。所以「未來」的關鍵在於「今天」當下付諸的行動。有句話說「一個偉大的夢會讓你睡不著」，因為懷著夢想，讓人產生動力一直往前，盼望在未來能實現。你要的未來，不是發生在明天的日子，而是今天的行動。

盼望帶來動力

曾經聽過一位牧師說：「如果你不小心，你可以踏進一千個明天，卻沒有踏進一個屬於你的未來。」今天的選擇與行動正在塑造未來的模樣。**我們活著的每一天，都會決定未來**，這想法本身就是件令人興奮的事！聖經上說「不必為明天擔憂」，如果今天帶著神給你的智慧、活力、盼望，絕對可以塑造美好的未來，根本不需要害怕。但是沒有行動就不是聖經教導的「盼望」，基督的盼望是又真又活、有生命力和創造力的盼望，如果沒有行動，只是淪為幻想。

就像生日吹蠟燭前許下三個願望，從來沒有人會認真地問：「結果你許的願望實現了嗎？」因為大家都知道那只是你心中的白日夢。**「盼望」是會帶來動力**，造成結果，所以未來不是明天，而是從今天開始建造。雖然不是只要有行動就會成功，最後不一定就會如你所願，現實與心中的圖片可能有差距，畢竟存在太多不確定的因素；唯一可以確定的

是，如果沒有任何行動，未來絕對什麼都不會發生，夢想只會幻化為泡沫。

一切並非命中注定

　　所謂的行動絕對不是向神祈求就夠了，宿命論者只想著未來一切都是命中注定，做什麼都白費力氣，反正會怎樣都看神的旨意。這是錯誤的想法，說穿了只是不負責任。禱告很重要，但不是把願望丟到空中，希望神接住，然後把你要的全部變出來，那叫 magical thinking。神不是變魔術，而是執行奇蹟，並且透過人的回應，就像祂分開紅海也是透過摩西舉起了手杖。

　　躺平族也是忽略了自己要付出的部分，環境變差、競爭變大，讓他們覺得不必堅持奮鬥，不如無欲無求地躺平。這一代比起上一代要達成相同的目標變得比較困難是事實，但不該誇大；錢越來越難賺，畢竟也並非人人淪為奴隸。以前爬的山可能只有五度斜坡，現在斜坡是十五度，要花更多力氣，也不至於沒有人能爬上去。如果你相信謊言，在出發點就放棄參與，豈不是留了更多寶藏給願意繼續付代價的人？在越艱困的環境、越多人放棄的時候，要想著：有許多機會被白白讓出來了，**機會總是留給有行動的人。**

忘記背後；努力向前

　　生命不能任意飄到明天，一條船沒有錨、沒有風帆、沒有方向盤，只能隨波逐流。如果對未來沒有盼望，沒有目標，過一天算一天，想著今天有點小確幸就好了、還活著就不錯了⋯⋯就會像那條船莫名其妙地胡亂漂泊。未來應該是朝著衷心的盼望奔跑而去，所以使徒保羅在《腓立比書》說：「我只有一件事，就是忘記背後，努力面前的，向著標竿竭力追求。」

　　當然也不能傲慢地以為自己完全支配生命，忽略了神的旨意。神學家奧古斯丁曾說：「沒有神，我們做不到。沒有我們，神也不願去做。」神與人是合作的關係，祂會對你說：「孩子，你想要什麼樣的未來？我們一起創造。」

　　神創造的人類是要去學習自我管理，因為一件事情的成就，是百分百的神加上百分百的人，而不是神占百分之五十、人占百分之五十。神成就任何事、創造任何奇蹟，都兼具百分百的神與人。神不是跟人類採取AA制，而是說祂會百分百負責、百分百投入其中，你也要百分百負責、百分百投入其中！

未來就是永恆

　　在聖經中有一句很美的話語：「上帝造萬物，各按其

時成為美好，又將永恆安放在世人心裡⋯⋯」（傳道書 3:11 RCUV）神是昔在今在永在，沒有開始也沒有結束。每個人都是在某個特定時刻由神創造而成，自此便有了永恆的存在。**今生的抉擇，將決定我們如何通往永恆的目的地——是在天堂，還是地獄。**

　　《傳道書》這段話提醒著我，在面對「永恆」時應該保有的態度。不妨想像自己站在郵輪上，面對一片廣闊深邃的大海，是否隱隱地感覺害怕？因為人是如此渺小，掉進海中就無聲無息被吞噬了。Eternity（永恆）就是這樣，你可以輕易想像十年前後，甚至五十年前後的變化，但百年、千年、萬年、億年的時間概念，卻是你無法想像的。因此，活在此時的我們，眺望前方數不完的歲月、無止境的永恆，彷彿凝視著汪洋大海，一定會立刻發覺自身的微弱，心生恐懼並產生敬畏。

　　如果忘記了「永恆」，可能卡在許多小事上，做出愚蠢的決定，隨時被挫折絆倒，為無意義的欲望爭鬥。相反的，看見了「永恆」，會讓人戰戰兢兢、小心翼翼，不會生活隨便，而是充滿尊重與謙卑的心。「永恆」代表的就是神，把未來當作永恆對待，是渺小的人類應該抱持的態度。

踏上自我探索之旅

找自己聊聊的練習題

▼ 請想一想本篇一開始的兩個問題：1.你在青少年時期的夢想是什麼？當時你腦中未來的圖片是什麼樣子？2.從那時到現在，你做了什麼事讓當初想像的未來成真？

▼ 你最大的動力支援來自哪裡？

▌ 最近有憂慮的事情嗎？你如何實踐聖經上的啟示「別為明天憂慮」？

▌ 寫下你的禱告事項。

20

人生很漫長，
人生也很短暫

人生是一趟難得的旅程，
不該帶著自動導航的心態在過生活。

未來有一天……

我從小在加拿大讀書,每年會回台灣三趟,搭飛機的次數很多。上下飛機時,總會經過商務艙。當我看到那比經濟艙大三倍、可以躺平睡覺的空間,令我很羨慕,並悄悄在心中對自己說:「未來有一天,我也要坐商務艙!」

但這一天並沒有立刻到來,雖然沒多久就累積足夠的里程點數可以升等,但仔細一想,還是拿去換機票更實際。年輕的身體不需要多舒適的空間,卻需要為夢想存錢。反正未來有一天,再實現這個願望也不遲!

「未來有一天」是句很好的話,因為那代表有所期待、想擁有某樣事物或達到某種目標。不過,那一天太快來到,卻不一定是好事。

從二十幾歲開始,我就計畫要成立一間教會,大學時期老師在台上講課,我常在座位上做白日夢,幻想著我的教會是什麼樣子、看重哪些價值、取什麼名字,並做筆記列出長長的清單。二十五歲搬回台灣,剛存到了一百萬,當時迫不及待地打算當作築夢的第一桶金。問題是根本什麼都還沒準備好、歷練也不足,所幸禱告時神的提醒以及長輩們的勸告,讓我沒有衝動行事,如果當時匆匆開始,可能也會草草結束吧!

每個人不一樣

有一次去山上靈修時，我思考著一個詞：「趕快」。這個詞可以拆解為「趕」和「快」，而這兩個字不該混為一談，因為是兩個不同的概念。**「快」不一定是好的**，就像**「慢」也不一定是壞的**，要看狀況而定。而「趕」往往是不好的，因為它代表著時間不足，無法按部就班地把事情一一做好。

看看神的創造，**祂也不會趕**，到第六天才讓人類出現，因為後三天創造的東西需要前三天的才可以存活。第一天和第四天、第二天和第五天、第三天和第六天是互有關聯的三組：第一天創造光，第四天創造太陽和星星；沒有光，就不會有太陽和星星的明亮。第二天創造海和天空，第五天創造魚和鳥；魚需要在海裡優游，鳥需要在天空飛翔。第三天創造陸地，第六天創造動物與人；沒有土地和植物，動物和人沒辦法存活。神沒有第一天就創造人，那樣人會活不下去。人生也是這樣，所有人事物都在最合適的時間點出現，當然也可以刻意趕著讓它們提早出現，結果可能像一顆流星閃過天際，「哇」一聲就沒了。

曾經看過一個影片用兩個禮拜蓋一間好幾層樓的飯店，縮時攝影讓人驚豔這神速的施工過程，看完的第一個反應是太厲害了，第二個反應是我絕對不想去住！蓋房子

如此,人生也是,按部就班、認真做好所有步驟,未來有一天它自然會來臨。速成的結果即使外表漂亮,內裡往往是空虛的。

而人會趕著要達成某種目標,多半是由於比較的心態。每個人的人生季節不一樣,像是不同的書,完全不需比較;就算大家的內容差不多,可能你才讀到第三篇,他已經讀到第十三篇了,如果為了趕上別人跳到後面,將錯過太多精采故事。

記得三件事

因此,**不要比較、不要趕,也不要提早放棄**,告訴自己「未來有一天」……當你想著這句話時,要記得三件事:

第一、人生還很長,不是永遠不能擁有,不是要放棄這個機會,而是時候未到。美好的人事物不該只是暫時擁有、轉瞬即逝。人生很漫長,時間還很充裕,努力準備好,當美夢成真時才能牢牢握緊。

第二、漫長的時間會送給你無價的禮物:經歷與視野。從二十幾到三十幾歲的經歷,使我越來越了解教會的運作,現在 The Hope 的核心理念跟在教室裡列出的清單有很多不同,畢竟年輕時還膚淺,而每個階段的經歷可以讓我更完整認識自己,並且擴大視野,思考層面也越來越周全。

第三、要學習去收集時間給的禮物，但千萬不能讓它奪走熱情和純真。在不同教會服事時，看到了很多值得學習的優點，也會看到應該修改的缺失。有些曾經視為榜樣的人，最後才發現對方和自己想像的不同，慶幸我沒有因此就磨掉純真和熱情。所以耶穌說：「要回轉成小孩。」當我們失去熱情，不再純真，夢想也會隨著被遺忘。

　　可能有人會懷疑，怎麼知道什麼時候是未來那一天？明明準備好了，怎麼結果還是不盡如人意？很遺憾的，誰也沒辦法給出確定的答案。但確定的是，我們不用急著縮短「今天」以及「未來有一天」的距離。如果我們好好經營今天的每一個細節，也學習享受在當下所帶來的一切，你就會不知不覺地發現那個未來，已經站在門口了。畢竟，如果還沒預備好，就逼著你期待的「未來有一天」來到，到最後只是會打腫臉充胖子。那天就算到了，也無法持續下去。畢竟，你要的其實不只是「未來有一天」，而是「未來的人生」。

珍惜每一天

　　人生很漫長，人生也非常短暫，兩句話都是真理。這兩種觀點幫助我們用不同態度去看待人生全貌。人生很短，在世間的日子只有短短幾十年，死後就進入那個有如大海般無

止境的永恆裡了，所以要好好珍惜每一天，不該浪費時間虛度光陰。

偏偏那些浪費時間的人事物會發出巨大的聲音，占據過多心思意念，尤其是以下四種，常常會令人誤以為將造成嚴重的影響與衝擊，但其實只是一種錯覺。

第一、想要改變別人對自己的看法：別人的眼光就像他們手上的筆，他們可能把你寫進故事裡，你永遠沒辦法把別人的筆搶過來修改，無法控制別人筆下的自己變成什麼模樣。我們在乎自己超過別人，奇怪的是，卻在乎別人的想法超過自己的想法。重點不在別人怎麼寫你，而是你怎麼問心無愧地寫出真實的自己。

第二、追求過多物質：非要到米其林餐廳才吃得開心嗎？可能路邊攤也吃得很滿足，人生絕對不是賺取花不完的錢才會快樂，許多喜悅不是物質能取代的。享受漂亮高貴的物質當然讓人開心，也不是不能想要擁有名車、豪宅，但是真正令人開心的事物，其實往往比我們想像的少得多。

第三、陷在過去的遺憾中：如果沒有人會傻到把鐘倒轉回到過去，那為何要徒勞地懊悔過往的錯誤呢？有一次我去做志工，跟一位身障人士聊天，他曾經酗酒闖禍，是個不負責任的父親，後來因酒駕車禍而癱瘓了。當年躺在醫院病床上，孩子來探望，說：「爸爸快點好，帶我去動物園！」

回憶起他孩子天真的臉龐，他邊講邊哭，懊悔不已。我對他說：「誰也無法改變過去，可是現在你可以做決定要不要改變未來。」

第四、記恨：參與人生這場遊戲的代價之一就是會受傷，每個人都難免被別人做的事或說的話傷害到。有些人特別愛記恨，但你有沒有想過，搞不好那個加害者早已忘記，甚至根本不知道他曾傷害過你。但你卻一直都記在心裡，那豈不是讓對方一次又一次地傷害你？第一次雖然無法討回公道，但要阻止他第二次、第三次、無限次地傷害你，不要到八十歲時，還在翻舊帳，數算二十歲被哪個人陷害、哪個人對不起你。其實記恨，記的不是「恨」，而是「傷」。只要你可以把那個「傷」交給神，你會發現那個「恨」也會慢慢地越變越小。

如果我們想要在永恆留下回響，今生必須活得深刻。這種「深刻」，絕不是耗費時間記住誰曾傷害過自己，或埋怨他人。而是我們為了心中所期待的未來，現在開始去做了什麼有意義的事情。

人生是一趟難得的旅程，不該帶著自動導航的心態在過生活。電影《梅爾吉勃遜之英雄本色》裡有句名言：「每個人都會死，但不是每個人都真正活過。」人生如此短暫，年輕時以為數字是往上疊加的，但到一個時間點才發現生命其實一直在倒數，剩下的春夏秋冬、日月分秒，

終有一天會歸零，走向永恆。然而，人生也很漫長，我們仍有機會創造美好的意義。讓我們一同帶上盼望，踏實地走進未來！

踏上自我探索之旅

找自己聊聊的練習題

▼ 你最常和別人比較什麼？外貌？學業成績？工作收入？為什麼？

▼ 你經常做計畫嗎？是否每個計畫都如期完成？或是中途放棄？

▼ 本篇提到有四種狀況浪費我們太多時間：1.想要改變別人的想法。2.追求過多物質。3.陷在過去的遺憾中。4.記恨。以上四項請想一想，也列舉自己的情況。

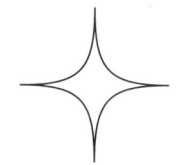

[關於人生，
　提醒自己的幾句話]

你的選擇比你的感覺還來得重要。

那些需要多年建立的事物,可能在一瞬間就被摧毀。因此,每一刻都值得我們用心去活。

身體累了需要的是休息,腦袋累了需要的是新的挑戰,心累了需要的是安慰。在你的生活中,學習為這三者創造空間。

競爭心態會讓人做出違背自己性格的事。

我可以做我想做的事,也可以得到我想要的東西。但是這兩者同時發生的機會不多。

如果你只願意做你想做的事,你永遠無法獲得你想要得到的東西。

> 上帝其實並不難找,而你,卻是另一回事。你有沒有真正找到你是誰?

讓你的心和身體占據同一個時間、空間,這就叫做活在當下。

如同熱氣使熱氣球上升，你的熱情也能激勵人向上。

攀登一座山需要時間，而下山卻快得多。成功是漫長的旅程，但失敗往往來得迅速而措手不及。

不要去追求那些無法滿足的欲望。

上帝是有耐心、慢慢發怒的神。但一旦你真正惹怒了祂,那就完了。

真理會使你自由,但它可能一開始讓你不高興。

如果你期待上帝的話語成為你的力量,你必須先讓它成為你的標準。

每個人都會為開始新事物感到興奮,也會在完成的尾聲感到開心,但很少有人能在中間的過程中保持投入。

你真正要追求的,不是興奮或開心,而是中間保持投入帶來的滿足感。

上帝不僅使驕傲的人謙卑，祂還會抵擋驕傲的人。驕傲是你能做出的最愚蠢的決定。

每一項成就都有你必須忍受的痛苦。選擇你的痛苦，擁抱它，與之共存。

一個男人要為了他需要照顧的人擁有雄心。如果他不懂得照顧別人,他頂多有的是野心。

不要跟你現有的認知成為太好的朋友,也不要過於依賴當前的生活模式。人生有時會要求你放棄它們,你要學會接受。

凡是必要的，終究會有可能達成，你要相信這一點。

謙遜是弓,自信是箭。當你將兩者結合,便擁有了強大的力量。

清晰如同隱藏在石塊中的鑽石,不斷挖掘,直到你找到它。

如果五年後你能笑著回想起現在這個錯誤，那麼現在就笑笑吧。

| 結 語 |
獻給那些心在隱隱作痛，
卻依然帶著微笑逐夢的你

在本書的最後幾頁，我可以跟你承認一件事情嗎？有這麼一部電影，我非常喜歡，但卻又難以用言語來表達。這部電影將生命描繪成一場充滿對比的舞蹈——它展示出了生命的美麗與掙扎、選擇與遺憾、夢想與現實。從根本上來說，這部電影講的是放手與堅持。這部電影的名稱叫做《樂來越愛你》。

在最後一個場景中，女演員艾瑪・史東在試鏡中唱了一首歌。這首歌講的是她的姑姑。有一次，她姑姑在巴黎的一條河裡，經歷了一場小小的冒險。

看也不看，縱身一躍
落入塞納河之中
河水刺骨冰寒
讓她打了一個月的噴嚏
但她說，就算重來，她還是會那麼做

獻給那些敢於作夢的人
或許他們看起來很傻
獻給那些隱隱作痛的心
獻給那些我們犯下的錯

　　人生像極了一場試鏡：你非常想扮演某一個角色，卻從未做好充分的準備。這種情況，會讓一些人感到焦慮。然而人生的興奮與刺激，也源自於此。不要害怕那些你可能會犯下的錯。不要害怕自己的心可能會隱隱作痛。你不需要擁有一段完美的人生，但你可以把人生過得美麗璀璨。

　　這本書獻給你們，獻給那些在凝望未來之時，拒絕讓過去的痛苦奪去自己臉上笑容的人。站穩腳步。昂首挺胸。我相信你。

（翻譯◎朱浩一）

Road 017

你可以找自己聊聊
踏上自我探索之旅

作　　　者｜萬力豪
文 字 協 力｜金文蕙

出　版　者｜大田出版有限公司
　　　　　　台北市一〇四四五中山北路二段二六巷二號二樓
編輯部專線｜(02) 2562-1383 傳真：(02) 2581-8761
E - m a i l｜titan@morningstar.com.tw　http：//www.titan3.com.tw

總　 編　 輯｜莊培園
副 總 編 輯｜蔡鳳儀
行 政 編 輯｜顏子容
行 銷 企 劃｜張采軒
校　　 　對｜黃薇霓／金文蕙／童主恩
內 頁 美 術｜陳柔含
封 面 完 稿｜陳佩琦
封 面 協 力｜李穩強

初　　　刷｜二〇二五年五月一日 定價：三六〇元
二　　　刷｜二〇二五年八月二十六日

網 路 書 店｜http://www.morningstar.com.tw（晨星網路書店）
　　　　　　TEL：04-23595819 FAX：04-23595493
讀者專線Email｜service@morningstar.com.tw
購 書 E m a i l｜04-23595819 #212
郵 政 劃 撥｜15060393
印　　　刷｜上好印刷股份有限公司

國 際 書 碼｜978-986-179-941-4　CIP：244.9/114002660

國家圖書館出版品預行編目資料

你可以找自己聊聊／萬力豪 著．——初版——
台北市：大田，2025.05
面；公分．——（Road；017）

ISBN 978-986-179-941-4（平裝）

244.9　　　　　　　　　114002660

版權所有　翻印必究
如有破損或裝訂錯誤，請寄回本公司更換